공부력

Q 왜 공부력을 키워야 할까요?

쓰기력

정확한 의사소통의 기본기이며 논리의 바탕

연필을 잡고 종이에 쓰는 것을 괴로워한다!
맞춤법을 몰라 정확한 쓰기를 못한다!
말은 잘하지만 조리 있게 쓰는 것이 어렵다!
그래서 글쓰기의 기본 규칙을 정확히 알고
써야 공부 능력이 향상됩니다.

어휘력

교과 내용 이해와 독해력의 기본 바탕

어휘를 몰라서 수학 문제를 못 푼다!
어휘를 몰라서 사회, 과학 내용 이해가 안 된다!
어휘를 몰라서 수업 내용을 따라가기 어렵다!
그래서 교과 내용 이해의 기본 바탕을
다지기 위해 어휘 학습을 해야 합니다.

독해력

모든 교과 실력 향상의 기본 바탕

글을 읽었지만 무슨 내용인지 모른다!
글을 읽고 이해하는 데 시간이 오래 걸린다!
읽어서 이해하는 공부 방식을 거부하려고 한다!
그래서 통합적 사고력의 바탕인 독해 공부로
교과 실력 향상의 기본기를 닦아야 합니다.

계산력

초등 수학의 핵심이자 기본 바탕

계산 과정의 실수가 잦다!
계산을 하긴 하는데 시간이 오래 걸린다!
계산은 하는데 계산 개념을 정확히 모른다!
그래서 계산 개념을 익히고 속도와 정확성을
높이기 위한 훈련을 통해 계산력을 키워야 합니다.

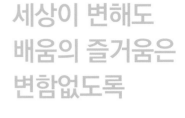

세상이 변해도
배움의 즐거움은
변함없도록

시대는 빠르게 변해도
배움의 즐거움은
변함없어야 하기에

어제의 비상은
남다른 교재부터
결이 다른 콘텐츠
전에 없던 교육 플랫폼까지

변함없는 혁신으로
교육 문화 환경의 새로운 전형을
실현해왔습니다.

비상은 오늘, 다시 한번
새로운 교육 문화 환경을 실현하기 위한
또 하나의 혁신을 시작합니다.

오늘의 내가 어제의 나를 초월하고
오늘의 교육이 어제의 교육을 초월하여
배움의 즐거움을 지속하는 혁신,

바로, 메타인지 기반 완전 학습을.

상상을 실현하는 교육 문화 기업 비상

메타인지 기반 완전 학습
초월을 뜻하는 meta와 생각을 뜻하는 인지가 결합한 메타인지는
자신이 알고 모르는 것을 스스로 구분하고 학습계획을 세우도록 하는
궁극의 학습 능력입니다. 비상의 메타인지 기반 완전 학습 시스템은
잠들어 있는 메타인지를 깨워 공부를 100% 내 것으로 만들도록 합니다.

ω 완자

공부력

초등 국어
독해 1B

초등 국어 독해
1A, 1B, 2A, 2B 글감 구성

과목별 공부 영역을 반영한 글감을 통해
풍부한 배경지식과 독해 실력을 키워요!

과학 교과 글감

특징과 활용법

✳ 글을 읽고 문제를
풀면서 독해 능력을
키워요.

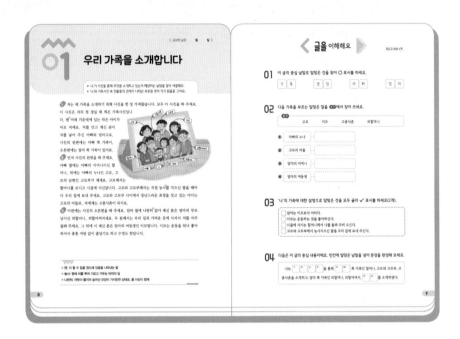

✳ 글에 나온 어휘를
다양한 문제를 통해
재미있게 익혀요.

✅ 책으로 하루 4쪽 공부하며, 초등 독해력을 키워요!

✅ 모바일앱으로 공부한 내용을 복습하고 몬스터를 잡아요!

공부한 내용 확인하기

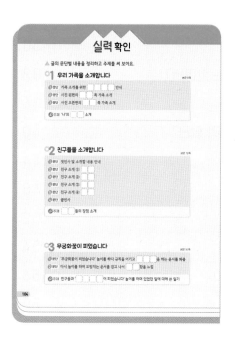

✳ 20일 동안 공부한 내용을 정리 💡
해 보며 자기의 실력을 확인해요.

모바일앱으로 복습하기

앱 다운받기

책 인증하기

✳ 그날 배운 내용을 바로바로,
또는 주말에 모아서 복습하고,
다이아몬드 획득까지! 💎
공부가 저절로 즐거워져요!

차례

우리도 하루 4쪽 공부 습관!
스스로 공부하는 힘을
키워 볼까요?

큰 습관이
지금은 그 친구를 이끌고 있어요.
매일매일의 좋은 습관은 우리를 좋은
곳으로 이끌어 줄 거예요.

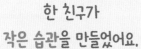

한 친구가
작은 습관을 만들었어요.

매일매일의 시간이 흘러
작은 습관은 큰 습관이 되었어요.

01 우리 가족을 소개합니다

◆ '나'가 사진을 통해 무엇을 소개하고 있는지 해당하는 낱말을 찾아 색칠해요.
◆ '나'와 가족사진 속 인물들의 관계가 나타난 부분을 찾아 각각 밑줄을 그어요.

1 저는 제 가족을 소개하기 위해 사진을 한 장 가져왔습니다. 모두 이 사진을 봐 주세요. 이 사진은 저의 첫 생일 때 찍은 가족사진입니다. 맨 아래 가운데에 있는 작은 아이가 바로 저예요. 저를 안고 계신 분이 저를 낳아 주신 아빠와 엄마고요. 사진의 왼편에는 아빠 쪽 가족이, 오른편에는 엄마 쪽 가족이 있어요.

2 먼저 사진의 왼편을 봐 주세요. 아빠 옆에는 아빠의 어머니이신 할머니, 뒤에는 아빠의 누나인 고모, 고모의 남편인 고모부가 계세요. 고모께서는 할머니를 모시고 시골에 사신답니다. 고모와 고모부께서는 직접 농사를 지으신 쌀을 해마다 우리 집에 보내 주세요. 고모와 고모부 사이에서 장난스러운 표정을 짓고 있는 아이는 고모의 아들로, 저에게는 고종사촌이 되지요.

3 이번에는 사진의 오른편을 봐 주세요. 엄마 옆에 나란히 앉아 계신 분은 엄마의 부모님이신 외할머니, 외할아버지세요. 두 분께서는 우리 집과 가까운 곳에 사셔서 저를 자주 돌봐 주세요. 그 뒤에 서 계신 분은 엄마의 여동생인 이모랍니다. 이모는 운동을 워낙 좋아하셔서 종종 저랑 같이 줄넘기도 하고 수영도 한답니다.

◆ **맨**: 더 할 수 없을 정도에 있음을 나타내는 말
◆ **농사**: 땅에 씨를 뿌려 기르고 거두는 따위의 일
◆ **나란히**: 여럿이 줄지어 늘어선 모양이 가지런한 상태로. 둘 이상이 함께

01 이 글의 중심 낱말로 알맞은 것을 찾아 ◯ 표시를 하세요.

┌──┬──┐   ┌──┬──┐   ┌──┬──┐   ┌──┬──┐
│ 가 │ 족 │   │ 생 │ 일 │   │ 아 │ 빠 │   │ 엄 │ 마 │
└──┴──┘   └──┴──┘   └──┴──┘   └──┴──┘

02 다음 가족을 부르는 알맞은 말을 **보기**에서 찾아 쓰세요.

> **보기**
>
> 고모   이모   고종사촌   외할머니

1 아빠의 누나 ▭

2 고모의 아들 ▭

3 엄마의 어머니 ▭

4 엄마의 여동생 ▭

03 '나'의 가족에 대한 설명으로 알맞은 것을 모두 골라 ✓ 표시를 하세요(2개).

☐ 엄마는 이모보다 어리다.
☐ 이모는 운동하는 것을 좋아하신다.
☐ 시골에 사시는 할머니께서 나를 돌봐 주러 오신다.
☐ 고모와 고모부께서 농사지으신 쌀을 우리 집에 보내 주신다.

04 다음은 이 글의 중심 내용이에요. 빈칸에 알맞은 낱말을 넣어 문장을 완성해 보세요.

나는 ㄱ ㅈ ㅅ ㅈ 을 통해 ㅇ ㅃ 쪽 가족인 할머니, 고모와 고모부, 고종사촌을 소개하고, 엄마 쪽 가족인 외할머니, 외할아버지, ㅇ ㅁ 를 소개하였다.

01 따라 쓰며 낱말의 뜻을 찾아 바르게 연결해 보세요.

① 농사 •

② 시골 •

③ 워낙 •

④ 표정 •

⑤ 돌보다 •

• ㄱ 관심을 가지고 보살피다.

• ㄴ 두드러지게 아주. 본디부터

• ㄷ 도시에서 떨어져 있는 지역

• ㄹ 땅에 씨를 뿌려 기르고 거두는 따위의 일

• ㅁ 마음속에 품은 감정이 겉으로 드러난 모습

02 빈칸에 들어갈 알맞은 낱말을 보기 에서 찾아 쓰세요.

보기

| 맨 | 농사 | 시골 | 나란히 | 해마다 |

① 여자 화장실은 복도 ☐ 끝 쪽에 있다.

② 흰옷을 입은 친구 셋이 의자에 ☐☐☐ 앉아 있다.

③ 할머니께서 손수 ☐☐ 를 지으신 배추로 김치를 담그셨다.

03 다음 뜻에 해당하는 낱말을 찾아 가로, 세로, 대각선으로 표시해 보세요.

외	할	아	버	지
달	고	종	사	촌
이	모	집	행	부
불	부	주	소	침
장	난	인	화	개

❶ 고모의 아들이나 딸을 이르는 말

❷ 고모의 남편을 이르거나 부르는 말

❸ 어머니의 여자 형제를 이르거나 부르는 말

❹ 잘 알려지지 아니하였거나, 모르는 사실이나 내용을 잘 알도록 하여 주는 설명

친구들을 소개합니다

◆ 한지유가 소개하고 있는 대상에 해당하는 낱말을 찾아 색칠해요.
◆ 한지유의 친구들이 무엇을 잘하는지 각자의 장점을 찾아 밑줄을 그어요.

1️⃣ 안녕하세요. 오늘 친구 소개를 할 한지유입니다. 제 친구 중에서 상현이, 연지, 준서, 시은이가 무엇을 잘하는지 친구들의 장점을 소개해 볼까 합니다.

2️⃣ 상현이는 여섯 살 때부터 태권도를 배워서 태권도를 잘합니다. 특히 발차기 실력이 뛰어나서 이제 막 태권도를 배우기 시작한 친구들에게 발차기 시범을 보여 주기도 한답니다.

상현

3️⃣ 유치원 때부터 친구였던 연지는 그림을 잘 그립니다. 친구들을 주인공으로 한 만화를 그린 적도 있어요. 친구들이 연지가 그린 만화를 보고 재미있다고 말해 줄 때, 연지의 얼굴에 함박웃음이 차오릅니다.

연지

4️⃣ 준서는 방과 후 활동 로봇 만들기 반에서 만난 친구예요. 준서는 로봇 만들기를 잘해요. 그래서 혼자 설명서를 보면서 로봇을 조립할 수도 있어요. 준서는 조립을 마치고 건전지를 넣었을 때 로봇이 움직이는 걸 보면 뿌듯함을 느낀다고 해요.

준서

5️⃣ 제 초등학교 첫 짝꿍인 시은이는 다른 사람의 이야기를 잘 들어 줍니다. 고민이 있는 친구들은 시은이를 찾아가 마음속 이야기를 털어놓고는 해요. 시은이에게 고민을 털어놓은 친구들은, 시은이가 같이 고민해 주고 자신의 마음을 이해해 주는 것만으로도 큰 힘이 된다고 합니다.

시은

6️⃣ 그럼 이만 제 친구 소개를 마치겠습니다. 들어 주셔서 감사합니다.

◆ **시범:** 어떤 일을 정식으로 하기 전에 그 일의 본보기를 보임

◆ **함박웃음:** 크고 환하게 웃는 웃음

◆ **뿌듯함:** 기쁨이나 감격이 마음에 가득 차서 벅참

01 이 글에서 한지유가 소개하고 있는 대상을 찾아 ○ 표시를 하세요.

| 그 | 림 |

| 로 | 봇 |

| 친 | 구 |

| 태 | 권 | 도 |

02 친구의 이름과 그 친구가 잘하는 것을 선으로 이으세요.

- ❶ 상현
- ❷ 연지
- ❸ 준서
- ❹ 시은

- ㄱ 그림 그리기
- ㄴ 로봇 만들기
- ㄷ 태권도 발차기
- ㄹ 이야기 들어 주기

03 한지유의 친구에 대한 설명으로 알맞지 않은 것은 무엇인가요? [✎   ]

① 시은이는 초등학교 때 첫 짝꿍이다.
② 연지는 친구들을 주인공으로 한 만화를 그렸다.
③ 상현이는 방과 후 활동 반에서 태권도를 배운다.

04 다음은 이 글의 중심 내용이에요. 빈칸에 알맞은 낱말을 넣어 문장을 완성해 보세요.

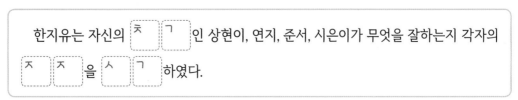

한지유는 자신의 [ㅊ][ㄱ] 인 상현이, 연지, 준서, 시은이가 무엇을 잘하는지 각자의
[ㅈ][ㅈ] 을 [ㅅ][ㄱ] 하였다.

01 따라 쓰며 낱말의 뜻을 찾아 바르게 연결해 보세요.

① 고 민 ·

· **ㄱ** 실제로 갖추고 있는 힘이나 능력

② 시 범 ·

· **ㄴ** 마음속으로 괴로워하고 애를 태움

③ 실 력 ·

· **ㄷ** 여러 부품을 하나의 완성된 물건으로 짜 맞춤

④ 조 립 ·

· **ㄹ** 교실에서 옆자리에 앉거나 늘 붙어 다니는 친구

⑤ 짝 꿍 ·

· **ㅁ** 어떤 일을 정식으로 하기 전에 그 일의 본보기를 보임

02 빈칸에 들어갈 알맞은 낱말을 보기에서 찾아 쓰세요.

> **보기**
>
> 고민　　　시범　　　짝꿍　　　초등학교　　　함박웃음

① 할머니께서 나를 보시고는 [　][　][　][　]을 지으셨다.

② 친구와 다투고 나서 어떻게 사과를 해야 할지 너무 [　][　]이 된다.

③ 무용 선생님께서 따라 하기 어려운 동작만 골라 [　][　]을 보이셨다.

03 다음 어휘 카드에 적힌 뜻을 읽고, 그 뜻에 알맞은 낱말을 골라 ✓ 표시를 하세요.

1 크고 환하게 웃는 웃음

☐ 비웃음   ☐ 함박웃음

2 좋거나 잘하거나 긍정적인 점

☐ 단점   ☐ 장점

3 기쁨이나 감격이 마음에 가득 차서 벅차다.

☐ 반듯하다   ☐ 뿌듯하다

4 남들보다 두드러지게 훌륭하거나 앞서 있다.

☐ 뛰어나다   ☐ 일어나다

5 어떤 일에서 중심이 되거나 이끄는 역할을 하는 사람

☐ 짝꿍   ☐ 주인공

03 무궁화꽃이 피었습니다

◆ 민후가 친구들과 한 놀이의 이름을 찾아 색칠해요.
◆ 민후가 윤서를 얄밉다고 한 이유가 드러난 부분에 밑줄을 그어요.

민후의 일기

① 오늘 친구들과 함께 '무궁화꽃이 피었습니다' 놀이를 했다. 처음에는 내가 가위바위보에 져서 술래가 되었다. 친구들을 등진 채 두 눈을 가리고 "무궁화꽃이 피었습니다."라고 큰 소리로 외친 후, 얼른 뒤를 돌아봤다. 내가 뒤돌아본 순간 분명 윤서의 왼팔이 흔들리는 걸 봤다. 그래서 "윤서야, 너 움직였어. 옆으로 와서 내 손 잡고 서 있어."라고 했다. 그런데 윤서가 자기는 절대로 움직이지 않았다고 우겼다. 내가 진짜 봤는데……. 나는 규칙을 어기고 거짓말을 하는 윤서가 얄미웠다. 하지만 이번만 봐주기로 했다.

② ㄱ다시 놀이를 하며 시율이, 지수, 연우가 걸려서 차례대로 내 옆으로 와 손에 손을 잡고 섰다. 그때까지 윤서는 걸리지 않았다. 그러다가 내가 "무궁화꽃이……"라고 말하는 사이에 윤서가 잽싸게 달려와서, 나와 시율이가 잡은 손을 쳐서 끊고는 도망치기 시작했다. 나는 온 힘을 다해 달려서 도망치는 윤서를 잡았다. 나에게 잡힌 윤서는 다음 술래가 되었다. 아, 통쾌해! 박윤서, 너 또 거짓말하면 내가 다음에도 너 잡아서 술래 되게 할 거야, 흥!

◆ 술래: 술래잡기 놀이에서, 숨은 아이들을 찾아내는 아이
◆ 규칙: 여러 사람이 다 같이 지키기로 정한 사항이나 질서
◆ 통쾌해: 아주 즐겁고 시원하여 유쾌해

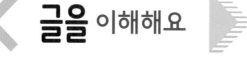

01 민후는 친구들과 어떤 놀이를 하며 있었던 일을 일기로 쓴 것인지 ○ 표시를 하세요.

> 도망치기

> 가위바위보

> 무궁화꽃이 피었습니다

02 '무궁화꽃이 피었습니다' 놀이의 규칙으로 알맞은 것을 골라 보세요.

1 술래가 친구들을 [등진 / 바라본] 채 "무궁화꽃이 피었습니다."라고 외친다.

2 술래가 뒤를 돌아봤을 때 [움직인 / 안 움직인] 친구는 술래의 손을 잡고 있어야 한다.

3 술래에게 잡힌 친구는 다른 친구가 술래와 잡은 손을 쳐서 끊어 주면 도망갈 수 [있다 / 없다].

03 민후의 일기 내용 중 ㉠을 다음과 같이 그림으로 그렸어요. 그림 속에 ○ 표시를 한 친구는 누구일지 이름을 쓰세요. [✎   ]

04 다음은 이 글의 중심 내용이에요. 빈칸에 알맞은 낱말을 넣어 문장을 완성해 보세요.

> 민후는 친구들과 'ㅁㄱㅎㄲ 이 피었습니다' 놀이를 하다 ㄱㅊ 을 어기고 거짓말을 하는 윤서가 얄미웠다. 그래서 다음번에 윤서를 잡아 ㅅㄹ 가 되게 했다.

01 따라 쓰며 낱말의 뜻을 찾아 바르게 연결해 보세요.

①  •

ⓖ 피하거나 쫓기어 달아남

②  •

ⓝ 아주 즐겁고 시원하여 유쾌함

③ 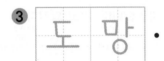 •

ⓓ 술래잡기 놀이에서, 숨은 아이들을 찾아내는 아이

④  •

ⓡ 여러 사람이 다 같이 지키기로 정한 사항이나 질서

⑤ 통 쾌 •

ⓜ 일정한 규칙이나 방법에 따라 여러 사람이 모여서 즐겁게 노는 일

02 보기 에서 알맞은 낱말을 골라 다음 문장을 바르게 완성하세요.

보기

| 규칙 | 놀이 | 술래 | 도망(치다) | 통쾌(하다) |

① 우리끼리 정한 교실의 ☐☐을 잘 지키자.

② 숨바꼭질 ☐☐가 내가 숨은 쪽으로 오자 심장이 두근거렸다.

③ 우리 팀이 마지막에 결승 골을 넣어 이기다니, 참 ☐☐한 승리였다.

03 갈림길에 낱말의 뜻이 적혀 있어요. 해당하는 낱말을 골라 민재에게 집으로 가는 길을 안내해 주세요.

바다에 말이 산다고?

◆ '바다의 말'이라는 뜻을 가진 동물의 이름에 색칠해요.
◆ 아기 해마가 어디에서 태어나는지 그 비밀이 드러난 부분에 밑줄을 그어요.

1 안녕? 난 바닷속에 살고 있는 아기 해마란다. 내 이름인 해마는 '바다의 말'이라는 뜻이야. 머리 모양 특히 길쭉한 주둥이가 말을 닮아서 이런 이름이 붙었지. 하지만 생김새를 제외하고 말과는 공통점이 별로 없는 작은 물고기란다. 말처럼 힘차게 뛰어다니기는커녕 물살에 떠밀려서 떠다니거든. 바닷물에 쓸려 가지 않으려고 원숭이처럼 긴 꼬리로 바닷말을 돌돌 감고 있을 때도 있어. 우리는 꼿꼿이 선 채로 등지느러미를 부채처럼 살랑거리면서 느리게 헤엄을 치지.

2 내 비밀을 하나 알려 줄까? 사실 나는 아빠 배 속에서 태어났어. 못 믿겠다고? 정말이야. 엄마가 아빠와 서로 꼬리를 감아서 아빠의 육아 주머니에 알을 낳거든. 그럼 아빠는 정성을 다해 우리를 육아 주머니에서 길러 주셔. 그냥 주머니에 품고만 있는 게 아니라 우리가 잘 클 수 있게 영양분도 주시지. 물론 엄마도 하루에 한 번씩 아빠를 찾아와 우리가 잘 크고 있는지, 아빠가 어디 아프지는 않은지 보살펴 주셔. 이렇게 아빠의 육아 주머니 속에서 무럭무럭 자란 우리는 알을 깨고 작은 아기 해마가 되어 아빠의 배 속에서 나온단다. 우리 아빠 정말 멋있지 않니?

◆ **제외하고**: 따로 떼어 내어 한데 헤아리지 않고
◆ **공통점**: 둘 또는 그 이상의 여럿 사이에 두루 같거나 통하는 점
◆ **꼿꼿이**: 휘거나 구부러지지 아니하고 단단하게

01 이 글의 중심 낱말로 알맞은 것을 찾아 ◯ 표시를 하세요.

| 말 | | 해 | 마 | | 물 | 고 | 기 | | 원 | 숭 | 이 |

02 해마가 '바다의 말'이라는 뜻의 이름을 갖게 된 이유는 무엇인가요? [✎   ]

① 긴 꼬리로 바닷말을 감고 있어서

② 말처럼 빠르고 힘차게 헤엄을 쳐서

③ 머리 부분의 길쭉한 주둥이가 말을 닮아서

03 다음 그림에서 아기 해마의 아빠는 누구일까요? 아기 해마의 아빠에 ✓ 표시를 하세요.

04 다음은 이 글의 중심 내용이에요. 빈칸에 알맞은 낱말을 넣어 문장을 완성해 보세요.

> 해마는 '□ □ 의 말'이라는 뜻을 지닌 작은 □ □ □ 로, □ □ 의 배 속에서 새끼가 태어난다.

01 따라 쓰며 낱말의 뜻을 찾아 바르게 연결해 보세요.

① | 비 | 밀 | •   •   **ㄱ** 어린아이를 기름

② | 육 | 아 | •   •   **ㄴ** 따로 떼어 내어 한데 헤아리지 않음

③ | 정 | 성 | •   •   **ㄷ** 온갖 힘을 다하려는 참되고 성실한 마음

④ | 제 | 외 | •   •   **ㄹ** 밝혀지지 않았거나 알려지지 않은 내용

⑤ | 공 | 통 | 점 | •   •   **ㅁ** 둘 또는 그 이상의 여럿 사이에 두루 같거나 통하는 점

02 보기에서 알맞은 낱말을 골라 다음 문장을 바르게 완성하세요.

보기

| 공통점 | 꼿꼿이 | 생김새 | 길쭉(하다) | 제외(하다) |

① 온유는 수업 시간에 허리를 [ ][ ][ ] 세우고 앉아 있는다.

② 나와 희수는 둘 다 글씨를 왼손으로 쓴다는 [ ][ ][ ] 이 있다.

③ 나는 얼굴 중에서 눈을 [ ][ ] 하고는 아빠랑 거의 똑같이 생겼다.

22

03 다음 어휘 카드에 적힌 낱말의 뜻을 생각하며 물음에 답하세요.

(1) 제시된 낱말과 비슷한 낱말을 골라 ○ 표시를 하세요.

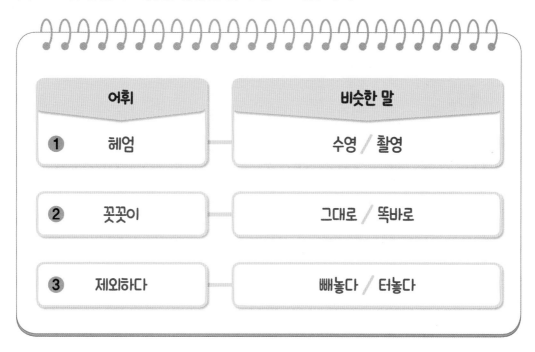

어휘	비슷한 말
❶ 헤엄	수영 / 촬영
❷ 꼿꼿이	그대로 / 똑바로
❸ 제외하다	빼놓다 / 터놓다

(2) 제시된 낱말과 반대되는 낱말을 골라 ○ 표시를 하세요.

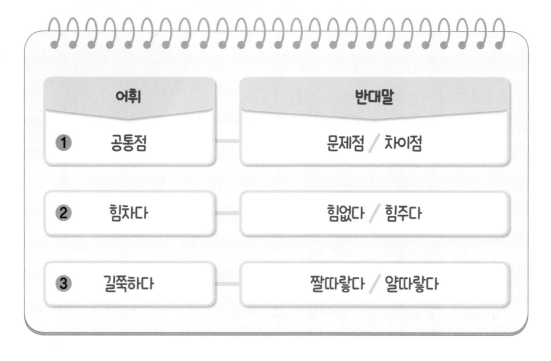

어휘	반대말
❶ 공통점	문제점 / 차이점
❷ 힘차다	힘없다 / 힘주다
❸ 길쭉하다	짤따랗다 / 얄따랗다

05 겨울에 만나요

◆ 시베리아에서 순천만으로 이동하는 겨울 철새의 이름을 찾아 색칠해요.
◆ 흑두루미가 겨울에 한국을 찾아오는 이유를 찾아 밑줄을 그어요.

1 안녕하세요. 저는 겨울 철새라고 불리는 흑두루미예요. 저는 시베리아에 살고 있지만, 10월 어느 맑은 날쯤이면 겨울을 보내러 한국으로 간답니다. 우리 무리는 전라남도에 있는 순천만으로 가서 겨울을 보내곤 해요. 우리가 사는 시베리아는 겨울에 상상도 못 할 정도로 춥답니다. 강물도 꽁꽁 얼어서 물고기나 작은 곤충 같은 먹이를 구하기도 어렵지요. 그래서 우리는 겨울철에 새끼들까지 데리고 한국으로 가서 지내요. 한국도 매우 춥지만 그래도 시베리아보다 따뜻하고 먹이를 구하기도 쉽거든요.

2 11월의 바람 부는 날, 드디어 우리는 먼 거리를 날아서 순천만에 도착했어요. 이곳으로 오는 길에 저처럼 겨울철에 한국을 찾는 고니, 황새, 떼까마귀 등도 만날 수 있었답니다. 이 친구들은 전라도 군산 지역의 금강호, 전북 고창군의 동림 저수지, 울산의 태화강 등으로 간다고 해요. 모두들 겨울을 잘 보냈으면 좋겠어요.

3 어느덧 3월 따뜻한 봄이 오고 있어요. 제가 살던 시베리아의 강추위도 끝났을 거고, 이제 제가 원래 살던 곳으로 돌아갈 때가 왔어요. 이번 겨울도 한국에서 잘 지냈으니 내년 겨울에 또 와야겠어요.

◆ **철새**: 계절에 따라 이리저리 옮겨 다니며 사는 새
◆ **무리**: 사람이나 짐승, 사물 등 여럿이 함께 모여서 뭉친 한 동아리
◆ **상상**: 실제로 경험하지 않은 것에 대해 마음속으로 그려 봄

글을 이해해요

01 이 글의 중심 낱말로 알맞은 것을 찾아 ○ 표시를 하세요.

| 황 | 새 |

| 떼 | 까 | 마 | 귀 |

| 흑 | 두 | 루 | 미 |

02 다음 질문에 대한 흑두루미의 대답으로 알맞은 것은 무엇인가요? [✐　　]

질문
흑두루미 씨, 올 겨울에도 시베리아에서 한국까지 먼 길을 왔군요. 그런데 왜 겨울만 되면 한국에 오나요?

① 한국은 원래 제가 살던 곳이기 때문이지요.
② 시베리아보다 먹이를 구하기 쉬워서 오지요.
③ 한국이 시베리아보다 더 추워서 우리가 살기에 좋은 환경이거든요.

03 다음 사진 중 겨울 철새가 <u>아닌</u> 새는 무엇인가요? [✐　　]

①

고니

②

참새

③

떼까마귀

04 다음은 이 글의 중심 내용이에요. 빈칸에 알맞은 낱말을 넣어 문장을 완성해 보세요.

흑두루미는 ㅅㅂㄹㅇ 보다 따뜻하고 ㅁㅇ 도 구하기 쉬운 한국을 찾아 ㄱㅇ 을 보내고, 봄이 되면 다시 시베리아로 떠나는 겨울 ㅊㅅ 이다.

01 따라 쓰며 낱말의 뜻을 찾아 바르게 연결해 보세요.

1 도 착 •

2 무 리 •

3 상 상 •

4 강 추 위 •

5 저 수 지 •

• **ㄱ** 목적한 곳에 다다름

• **ㄴ** 실제로 경험하지 않은 것에 대해 마음속으로 그려 봄

• **ㄷ** 눈도 오지 않고 바람도 불지 않으면서 몹시 매운 추위

• **ㄹ** 물을 모아 두기 위하여 하천 이나 골짜기를 막아 만든 큰 못

• **ㅁ** 사람이나 짐승, 사물 등 여럿 이 함께 모여서 뭉친 한 동 아리

02 빈칸에 들어갈 알맞은 낱말을 보기 에서 찾아 쓰세요.

보기

| 겨울 | 내년 | 무리 | 상상 | 철새 |

1 개미와 벌은 □□를 지어서 사는 동물이다.

2 우주의 크기는 □□을 할 수 없을 만큼 거대하다.

3 기러기는 가을에 한국으로 와서 봄에 북쪽으로 가는 겨울 □□이다.

03 다음 뜻에 해당하는 낱말을 빈칸에 써서 끝말잇기를 해 보세요. 잘 모르겠다면 초성 힌트를 참고해 보세요.

1 계절이 겨울일 때

1 ㄱ ㅇ ㅊ

2 계절에 따라 이리저리 옮겨 다니며 사는 새

2 ㅊ ㅅ

3 낳은 지 얼마 안 되는 어린 짐승

3 ㅅ ㄲ

4 아침, 점심, 저녁과 같이 날마다 일정한 시간에 먹는 밥. 또는 그렇게 먹는 일

4 ㄲ ㄴ

01 스무고개를 해요

'스무고개'는 한 사람이 마음속으로 무언가를 생각하면, 다른 사람이 스무 번까지 질문을 해서 그것을 알아맞히는 놀이예요. 질문 하나를 하면 한 고개를 넘었다고 하지요. 지혜와 현준이의 스무고개를 보며 정답을 알아맞혀 볼까요?

지혜 지금부터 스무고개 시작이야. 내가 뭘 생각하고 있는지 맞혀 봐.

현준 그럼 질문할게. 우리가 사용하는 물건이야?

지혜 응. 한 고개 넘었다.

현준 신거나 입을 수 있어?

지혜 아니. 두 고개 넘었다.

현준 그럼 옷이나 신발은 아니네. (주변을 둘러보며) 혹시 책가방이야?

지혜 아니. 세 고개 넘었다.

현준 학교에 올 때 가지고 오는 거야?

지혜 응. 네 고개 넘었다.

현준 학용품의 한 종류구나?

지혜 응. 이제 다섯 고개 넘었으니 ㉠ 번 더 질문할 수 있어.

현준 글씨를 쓰거나 지울 때 필요한 거야?

지혜 아니. 여섯 고개 넘었다.

현준 혹시 정답이 자야? 선을 그을 때 필요한 거 말야.

지혜 아니. 하지만 모두 관련이 있어. 일곱 고개 넘었다.

현준 너무 어렵다. 지금 네 책가방에 있어?

지혜 응. 여덟 고개 넘었다.

현준 필기도구나 지우개는 아니지만 모두 관련된 학용품이라는 거구나. 아, ㉡ 이지?

지혜 응, 맞아. 연필과 지우개, 자를 모두 담을 수 있는 ㉡ 이 정답이야!

01 ㉠에 들어갈 알맞은 숫자를 쓰세요.

 번

이 놀이가 '스무고개'라는 걸 생각하며 풀어 봐.

02 다음 중 현준이의 질문이 <u>아닌</u> 것은 무엇인가요?

① 신거나 입을 수 있어?
② 지금 네 책가방에 있어?
③ 문구점에서 살 수 있는 거야?

03 다음 중 ㉡에 들어갈 알맞은 물건을 찾아 ○ 표시를 하고, 그 물건의 이름을 쓰세요.

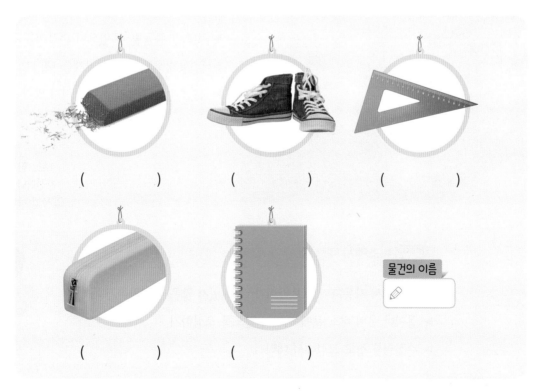

( ) ( ) ( )

( ) ( )

물건의 이름

안전

02 버스를 타요

버스를 안전하게 이용하기 위해 우리가 해야 할 일이 무엇인지 살펴보아요.

🚌 버스 정류장에서

▶ 버스 정류장에 붙은 노선도를 보고, 현재 정류장의 위치와 내려야 할 정류장의 위치를 확인하기

▶ 타야 할 버스를 인도 위에서 기다리기

▶ 버스가 완전히 멈춘 후에 차례대로 버스에 타기

버스가 서기 전에 차도로 뛰어들면 사고가 날 수 있어.

손을 내밀면 창밖의 물건에 부딪혀 다칠 수 있어.

아야!

조심!

🚌 버스 안에서

▶ 버스가 흔들릴 수 있으니 손잡이를 꼭 잡기

▶ 창문 밖으로 손이나 고개를 내밀지 않기

▶ 큰 소리로 떠들거나 장난치지 않기

버스 뒤쪽에서 오던 자전거나 오토바이가 갑자기 나타날 수 있어.

🚌 버스에서 내릴 때

▶ 뒤쪽에서 자동차나 오토바이가 오고 있지 않은지 확인하기

▶ 몸이나 옷이 버스 문에 끼이지 않도록 조심하기

▶ 손잡이를 잡고 조심해서 내리기

01 다음 여학생의 질문에 남학생은 뭐라고 대답해야 할까요?

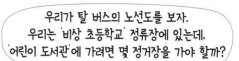

우리가 탈 버스의 노선도를 보자.
우리는 '비상 초등학교' 정류장에 있는데,
'어린이 도서관'에 가려면 몇 정거장을 가야 할까?

① 다섯 정거장   ② 여섯 정거장   ③ 일곱 정거장

02 다음 빈칸에 들어갈 알맞은 말을 쓰세요.

버스는 반드시 [ㅇ][ㄷ] 위에서 기다린다.

03 친구들이 버스를 타고 있어요. 각 친구에게 해 줄 알맞은 말을 선으로 이으세요.

우석

민정

연지

ㄱ "버스 안에서는 큰 소리로 떠들지 말고 조용히 이야기해야 해."

ㄴ "버스 안에서는 장난치지 말고 자리에 얌전히 앉아야 해."

ㄷ "버스에서 내릴 때에는 뒤쪽에서 오토바이가 올 수 있으니 확인해야 해."

무쇠 방망이를 가는 할아버지

◆ 이 글에서 깨달음을 얻은 사람은 누구인지 색칠해요.
◆ 할아버지의 말씀 중 꾸준한 노력의 중요성을 알려 주는 부분에 밑줄을 그어요.

1 옛날 옛적 어느 시골 마을에 한 젊은이가 살았어요. 젊은이는 훌륭한 원님이 되어서 마을의 어려운 사람들을 도와주고 싶다는 멋진 꿈을 가지고 있었지요. 그래서 젊은이는 열심히 공부를 하려고 깊은 산속으로 들어갔어요.

2 그러나 젊은이는 조용한 산속에서 공부만 하는 것에 금세 싫증이 나고 말았어요.

'공부를 한다고 해서 당장 원님이 되는 것도 아닌데, 내가 왜 이런 고생을 해야 하지?'

젊은이는 스승에게 인사도 하지 않고 몰래 산에서 내려와 버렸어요.

3 산 아래 냇가에서 잠시 쉬고 있던 젊은이는 조금 낯선 모습을 보았어요. 한 할아버지가 바위 위에서 무쇠로 된 방망이를 갈고 있는 것이었어요.

"할아버지, 무쇠 방망이로 무엇을 하고 계세요?"

"바늘을 만드는 중이라네."

할아버지의 말을 들은 젊은이는 더욱 이상한 생각이 들었어요. 그렇게 크고 단단한 무쇠 방망이를 갈아서 가느다란 바늘을 만드는 것이 불가능해 보였기 때문이에요.

"아니, 그렇게 무쇠를 간다고 바늘이 되겠습니까?"

"아무렴. 매일 이렇게 조금씩 갈다 보면 결국은 방망이도 가는 바늘이 되고 말지."

4 ㉠그 말을 들은 젊은이는 속으로 뜨끔했어요.

'제대로 공부를 해 보지도 않고 쉽게 그만두었으니 아무것도 이룰 수 없었구나.'

할아버지의 모습에서 꾸준히 노력하는 것이 중요하다는 깨달음을 얻은 젊은이는 할아버지께 공손히 절을 올리고 다시 산으로 올라갔어요.

◆ **금세:** 지금 바로. 얼마 되지 않는 짧은 시간 안에

◆ **노력하는:** 목적을 이루기 위하여 몸과 마음을 다하여 애를 쓰는

◆ **공손히:** 겸손하고 예의 바른 말이나 행동으로

01 이 글에서 마음의 변화를 겪은 후 달라진 인물을 찾아 ○ 표시를 하세요.

| 스 | 승 | | 원 | 님 | | 젊 | 은 | 이 | | 할 | 아 | 버 | 지 |

02 젊은이가 한 일을 다음과 같이 정리했어요. ㄱ~ㄹ을 일어난 순서대로 쓰세요.

ㄱ 조용한 산속에서 공부만 하는 것에 싫증이 났다.

ㄴ 꿈을 이루기 위해 산속으로 들어가 공부하기로 결심했다.

ㄷ 할아버지의 말을 듣고 깨달음을 얻어 다시 산으로 올라갔다.

ㄹ 냇가 바위 위에서 무쇠로 된 방망이를 갈고 있는 할아버지를 보았다.

ㄴ ➡ ☐ ➡ ☐ ➡ ☐

03 ㄱ에서 젊은이가 뜨끔함을 느낀 까닭은 무엇인가요? [✐   ]

① 산속에서 공부를 하느라 고생한 것이 생각나서
② 스승에게 인사를 하지 않고 몰래 산에서 내려와서
③ 공부를 열심히 해 보지 않고 포기한 것이 부끄러워서

04 다음은 이 글의 중심 내용이에요. 빈칸에 알맞은 낱말을 넣어 문장을 완성해 보세요.

옛날 옛적 한 젊은이가 산속에서 공부를 하다 말고 내려오던 중에 ☐ㅁ ☐ㅅ 방망이를 갈아 ☐ㅂ ☐ㄴ 을 만드는 할아버지를 만나 ☐ㄴ ☐ㄹ 의 중요성을 깨달았다.

33

어휘를 익혀요

01 따라 쓰며 낱말의 뜻을 찾아 바르게 연결해 보세요.

①  · · ㉠ 싫은 생각이나 느낌

②  · · ㉡ 지금 바로. 얼마 되지 않는 짧은 시간 안에

③  · · ㉢ 어렵고 고된 일을 겪음. 또는 그런 일이나 생활

④  · · ㉣ 목적을 이루기 위하여 몸과 마음을 다하여 애를 씀

⑤ 원 님 · · ㉤ 옛날에 각 고을을 맡아 다스리던 원을 높여 이르던 말

02 **보기**에서 알맞은 낱말을 골라 다음 문장을 바르게 완성하세요.

보기

| 금세 | 싫증 | 공손히 | 방망이 | 노력(하다) |

① 열심히 ☐☐ 한 만큼 좋은 일이 생길 거라 믿는다.

② 길을 잃고 울던 아이가 엄마를 보더니 ☐☐ 울음을 그쳤다.

③ 어른께 물건을 드릴 때는 두 손으로 ☐☐☐ 드려야 한다.

34

03 다음 어휘 카드에 적힌 뜻을 읽고, 그 뜻에 알맞은 낱말을 골라 ✔ 표시를 하세요.

① 싫은 생각이나 느낌

☐ 갈증 ☐ 싫증

② 겸손하고 예의 바른 말이나 행동으로

☐ 공손히 ☐ 열심히

③ 깊이 생각하고 연구하다 알게 되는 것

☐ 믿음 ☐ 깨달음

④ 한결같이 부지런하고 끈기가 있는 태도로

☐ 꾸준히 ☐ 천천히

⑤ 마음에 큰 자극을 받아 불에 닿은 것처럼 뜨겁다.

☐ 깔끔하다 ☐ 뜨끔하다

07 호그와트 마법 학교

◆ 호그와트 마법 학교에서 글쓴이가 가장 인상 깊었다고 한 부분에 색칠해요.
◆ 글쓴이가 책을 읽고 나서 다짐한 내용을 찾아 밑줄을 그어요.

독후 감상문

책 제목 『해리 포터와 마법사의 돌』   지은이 조앤 K. 롤링

① 『해리 포터와 마법사의 돌』은 평범했던 한 아이가 자신이 마법사라는 것을 알게 된 후 마법 학교에 입학해서 겪는 모험을 그리고 있다. 나는 이 책의 내용 중에서 호그와트 마법 학교에 있는 네 개의 기숙사에 대한 부분이 가장 인상 깊었다.

② 호그와트 마법 학교는 먼 옛날 위대한 마법사인 고드릭 그리핀도르, 로웨나 래번클로, 헬가 후플푸프, 살라자르 슬리데린이 함께 만들었다. 마법사들은 각자 중요하게 생각하는 정신에 따라 '그리핀도르, 래번클로, 후플푸프, 슬리데린'이라는 네 개의 기숙사를 지었다. 그리핀도르는 용기 있고 대담한 사람, 래번클로는 지혜롭고 사려 깊은 사람, 후플푸프는 진실하고 성실한 사람, 슬리데린은 재능과 야망이 있는 사람을 위한 기숙사이다. 호그와트 마법 학교에 입학한 학생들이 어느 기숙사로 갈지는 '마법의 분류 모자'가 정한다. 마법의 분류 모자는 학생들의 성격과 재능을 보고 각 학생에게 알맞은 기숙사를 정해 준다.

③ 내가 만약 호그와트 마법 학교의 학생이 된다면 나는 그리핀도르에 들어가고 싶다. 그러려면 용기 있게 적을 물리친 해리 포터처럼, 나도 굳세고 용감한 사람이 되어야겠다.

◆ 대담한: 겁이 없고 용감한
◆ 사려: 여러 가지 일에 대하여 깊게 생각함. 또는 그런 생각
◆ 야망: 크게 무엇을 이루어 보겠다는 희망

글을 이해해요

01 『해리 포터와 마법사의 돌』을 읽은 글쓴이가 마법 학교에서 가장 인상 깊었다고 한 것은 무엇인지 ○ 표시를 하세요.

위대한 마법사　　　네 개의 기숙사　　　마법의 분류 모자

02 호그와트 마법 학교의 기숙사와 각 기숙사에 들어가기에 알맞은 사람을 선으로 이으세요.

1 그리핀도르

2 래번클로

3 후플푸프

4 슬리데린

ㄱ 진실하고 성실한 사람

ㄴ 용기 있고 대담한 사람

ㄷ 재능과 야망이 있는 사람

ㄹ 지혜롭고 사려 깊은 사람

03 호그와트 마법 학교에 입학한 학생들이 어느 기숙사로 갈지 어떻게 정해지나요? [　　　]

① 마법사의 지팡이가 알아서 정해 준다.
② 시험을 본 후 마법 실력에 따라 정해진다.
③ 마법의 분류 모자가 학생들의 성격과 재능에 맞게 정해 준다.

04 다음은 이 글의 중심 내용이에요. 빈칸에 알맞은 낱말을 넣어 문장을 완성해 보세요.

> 글쓴이는 『해리 포터와 마법사의 돌』을 읽고 호그와트 마법 학교에 있는 네 개의 기숙사에 대한 내용이 인상 깊었다고 하였다. 그리고 자신도 ㅎ ㄹ ㅍ ㅌ 처럼 굳세고 용감한 사람이 되어야겠다고 다짐했다.

01 따라 쓰며 낱말의 뜻을 찾아 바르게 연결해 보세요.

① 대 담 ·

② 모 험 ·

③ 인 상 ·

④ 재 능 ·

⑤ 진 실 ·

· ㄱ 겁이 없고 용감함

· ㄴ 마음에 거짓이 없이 순수하고 바름

· ㄷ 어떤 일을 하는 데 필요한 재주와 능력

· ㄹ 위험을 무릅쓰고 어떠한 일을 함. 또는 그 일

· ㅁ 어떤 대상에 대하여 마음속에 새겨지는 느낌

02 보기에서 알맞은 낱말을 골라 다음 문장을 바르게 완성하세요.

보기
| 마법 | 야망 | 인상 | 대담(하다) | 입학(하다) |

① 어려운 이웃을 돕는 친구의 모습이 ☐☐ 깊었다.

② 형은 장차 대통령이 되겠다는 ☐☐ 을 갖고 있다.

③ 홍길동은 가난한 백성을 위해 양반과 싸우는 ☐☐ 한 인물이다.

03 다음 뜻에 해당하는 낱말을 찾아 가로, 세로, 대각선으로 표시해 보세요.

마	구	잡	이	로
음	법	지	승	보
기	숙	사	려	트
호	모	자	비	구
표	험	술	진	실

❶ 마법을 부리는 사람

❷ 마음에 거짓이 없이 순수하고 바름

❸ 위험을 무릅쓰고 어떠한 일을 함. 또는 그 일

❹ 여러 가지 일에 대하여 깊게 생각함. 또는 그런 생각

진달래와 철쭉, 뭐가 달라?

◆ 이 글에서 설명하는 봄꽃 두 가지를 찾아 색칠해요.
◆ 진달래와 철쭉의 차이점 세 가지를 찾아 밑줄을 그어요.

1 우리가 아침에 일어나면 기지개를 켜듯이, 봄이 되면 식물도 고개를 쏙 내밀고 싹을 틔워요. 봄에 싹을 틔우는 여러 식물 중에서도 우리의 눈을 사로잡는 건 아마도 봄꽃이 아닐까요? 목련과 벚꽃, 개나리 등 봄에는 꽃이 많이 피어요. 다양한 봄꽃 중에서도 진달래와 철쭉에 대해 알아보기로 해요.

2 진달래와 철쭉은 생김새가 비슷해서 언뜻 보면 구별을 하기가 어려워요. 그러나 자세히 살펴보면 그 생김새가 다르답니다. 대부분의 진달래와 철쭉은 연한 분홍색을 띠고 있는데, 철쭉은 흰색이나 자주색을 띤 것도 있답니다. 그리고 꽃잎을 들여다보면 진달래와 달리 철쭉의 꽃잎에는 적갈색의 점이 박혀 있어요.

3 또한 진달래와 철쭉은 꽃이 피는 시기가 달라요. 진달래는 4월에 피는데, 철쭉은 5월이 되어야 피지요. 둘을 구별하는 방법이 하나 더 있어요. 바로 꽃과 잎이 나오는 순서가 다르다는 거예요. 진달래는 꽃이 먼저 피고, 꽃이 질 무렵에 잎이 나서 꽃과 잎이 함께 있는 모습을 보기 어려워요. 그래서 진달래에 꽃만 덩그러니 피어 있는 모습을 이따금 볼 수 있지요. 반면에 철쭉은 잎이 난 뒤에 꽃이 피거나, 잎이 나는 것과 동시에 꽃이 피지요.

◆ **사로잡는:** 생각이나 마음을 온통 한곳으로 쏠리게 하는
◆ **언뜻:** 지나는 결에 잠깐 나타나는 모양
◆ **구별:** 어떤 것과 다른 것을 차이에 따라 갈라놓음. 또는 그 사이에 나타나는 차이

철쭉

진달래

01 이 글의 중심 낱말로 알맞은 것을 찾아 ○ 표시를 하세요(2개).

| 벚 | 꽃 | | 철 | 쭉 | | 개 | 나 | 리 | | 진 | 달 | 래 |

02 철쭉에 대한 설명으로 알맞은 내용에 ✓ 표시를 하세요(2개).

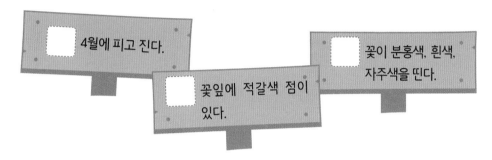

☐ 4월에 피고 진다.

☐ 꽃잎에 적갈색 점이 있다.

☐ 꽃이 분홍색, 흰색, 자주색을 띤다.

03 이 글을 읽고 다음 빈칸에 들어갈 알맞은 말을 쓰세요.

진달래

❶ ☐ 이 먼저 피고 ❷ ☐ 이 나온다.

철쭉

❸ ☐ 이 먼저 나오고 ❹ ☐ 이 피거나, 잎이 나는 것과 동시에 꽃이 핀다.

04 다음은 이 글의 중심 내용이에요. 빈칸에 알맞은 낱말을 넣어 문장을 완성해 보세요.

진달래와 철쭉은 구별이 어렵지만 자세히 살펴보면 ㅅㄱㅅ 가 다르고, 꽃이 피는 ㅅㄱ 와 꽃과 잎이 나오는 ㅅㅅ 도 다르다.

01 따라 쓰며 낱말의 뜻을 찾아 바르게 연결해 보세요.

① 구 별 •

• ㄱ 봄에 피는 꽃

② 봄 꽃 •

• ㄴ 얼마쯤씩 있다가 가끔

③ 시 기 •

• ㄷ 지나는 결에 잠깐 나타나는 모양

④ 언 뜻 •

• ㄹ 어떤 일이나 현상이 일어나는 일정한 때

⑤ 이 따 금 •

• ㅁ 어떤 것과 다른 것을 차이에 따라 갈라놓음. 또는 그 사이에 나타나는 차이

02 보기에서 알맞은 낱말을 골라 다음 문장을 바르게 완성하세요.

보기

구별   식물   언뜻   사로잡(다)   일어나(다)

① 그 장난감은 [ ][ ] 보기에도 비싸 보였다.

② 쌍둥이가 너무 닮아서 누가 누군지 [ ][ ]을 하기 어렵다.

③ 공원에서 내 마음을 [ ][ ][ ]는 것은 귀여운 강아지뿐이다.

03 다음 뜻에 해당하는 낱말을 빈칸에 써서 끝말잇기를 해 보세요. 잘 모르겠다면 초성 힌트를 참고해 보세요.

1 같은 때나 시기

1 동 ㅅ

2 어떤 일이나 현상이 일어나는 일정한 때

2 ㅅ ㄱ

3 피곤할 때에 몸을 쭉 펴고 팔다리를 뻗는 일

3 ㄱ ㅈ ㄱ

4 학교에서 방학, 휴교 따위로 한동안 쉬었다가 다시 수업을 시작함

4 ㄱ 학

태극기가 궁금해

◆ 우리나라의 국기를 무엇이라고 하는지 해당하는 낱말을 찾아 색칠해요.
◆ 태극기에 그려진 4괘가 상징하는 바가 무엇인지 밑줄을 그어요.

1 태극기는 우리나라의 국기예요. 국기란, 한 나라를 대표하고 상징하는 깃발을 말합니다. 그렇다면 왜 이름이 '태극기'일까요? 그것은 깃발 가운데에 빨강과 파랑으로 색칠된 태극 무늬가 있기 때문이에요. 빨강과 파랑이 맞물려 있는 태극 무늬는 옛날부터 우주가 생긴 원리를 나타내는 그림으로 써 왔어요.

2 이제 태극기의 바탕과 모서리를 한번 살펴볼까요? 태극기는 바탕이 깨끗한 흰색이에요. 태극기의 흰색 바탕은 밝음과 순수, 평화를 사랑하는 마음을 나타낸답니다. 그럼 태극 무늬 바깥쪽에 있는 막대들은 무엇일까요? 이 막대 네 개를 '4괘'라고 부릅니다. '건(☰)'은 하늘을, '곤(☷)'은 땅을, '감(☵)'은 물을, '리(☲)'는 불을 상징합니다.

3 태극기는 우리나라에서 역사적으로 중요한 일이 일어난 날에 걸어요. 나라를 위해 목숨을 바치신 분을 기리는 현충일(6월 6일)이나, 우리나라의 광복을 기념하는 광복절(8월 15일), 먼 옛날 단군 할아버지가 고조선을 세운 개천절(10월 3일) 등이 그런 날이지요. 나라에 기쁜 일이 생겼던 날과 슬픈 일이 생겼던 날에 나라를 사랑하는 마음으로 태극기를 걸어 보는 건 어떨까요?

◆ **대표하고**: 전체의 상태나 성질을 어느 하나로 잘 나타내고
◆ **순수**: 다른 것이 전혀 섞이지 않음. 사사로운 욕심이나 못된 생각이 없음
◆ **바치신**: 보람 있는 일에 모든 것을 아낌없이 내놓으신

글을 이해해요

01 이 글의 중심 낱말로 알맞은 것을 찾아 ○ 표시를 하세요.

깃 발 　　　 개 천 절 　　　 태 극 기 　　　 현 충 일

02 태극기에 대한 설명이 맞으면 ○, 틀리면 ✕ 표시를 하세요.

1 태극 무늬는 우리나라가 생긴 원리를 나타낸다. [○ / ✕]

2 태극기에는 빨간색, 파란색, 검은색, 하얀색이 쓰였다. [○ / ✕]

3 태극기는 현충일, 광복절, 개천절과 같이 중요한 일이 일어난 날에 건다. [○ / ✕]

03 태극기 모서리에 있는 4괘의 이름과 4괘가 상징하는 바를 각각 쓰세요.

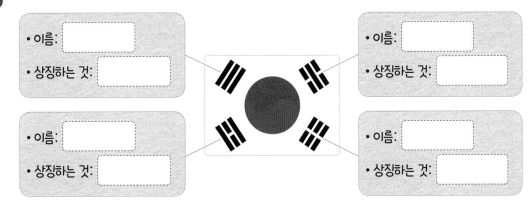

• 이름: 　　　　　
• 상징하는 것: 　　　　　

• 이름: 　　　　　
• 상징하는 것: 　　　　　

• 이름: 　　　　　
• 상징하는 것: 　　　　　

• 이름: 　　　　　
• 상징하는 것: 　　　　　

04 다음은 이 글의 중심 내용이에요. 빈칸에 알맞은 낱말을 넣어 문장을 완성해 보세요.

태극기는 우리나라의 ㄱ ㄱ 로, 흰 바탕 가운데에는 ㅌ ㄱ 무늬가, 모서리
에는 4괘가 있다. 태극기는 우리나라에서 ㅇ ㅅ 적으로 중요한 일이 일어난 날에
건다.

어휘를 익혀요

01 따라 쓰며 낱말의 뜻을 찾아 바르게 연결해 보세요.

①  기념 •

• ㄱ 평온하고 화목함

②  대표 •

• ㄴ 사람이나 동물이 숨을 쉬며 살아 있는 힘

③  목숨 •

• ㄷ 전체의 상태나 성질을 어느 하나로 잘 나타냄. 또는 그런 것

④  상징 •

• ㄹ 생각이나 느낌 등을 구체적인 사물로 나타냄. 또는 그렇게 나타낸 것

⑤  평화 •

• ㅁ 어떤 뜻깊은 일이나 훌륭한 인물 등을 오래도록 잊지 않고 마음에 간직함

02 **보기**에서 알맞은 낱말을 골라 다음 문장을 바르게 완성하세요.

> **보기**
>
> 국기   목숨   순수   대표(하다)   중요(하다)

① 그는 어린아이와 같은 ☐☐를 지녔다.

② 반장은 반을 ☐☐해서 학급의 일을 한다.

③ 안중근 의사는 나라를 위해 ☐☐을 바치신 분이다.

03 다음 어휘 카드에 적힌 낱말의 뜻을 생각하며 물음에 답하세요.

(1) 제시된 낱말과 비슷한 낱말을 골라 ◯ 표시를 하세요.

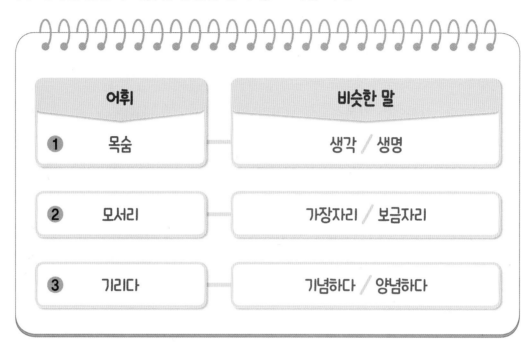

어휘	비슷한 말
❶ 목숨	생각 / 생명
❷ 모서리	가장자리 / 보금자리
❸ 기리다	기념하다 / 양념하다

(2) 제시된 낱말과 반대되는 낱말을 골라 ◯ 표시를 하세요.

어휘	반대말
❶ 순수	불순 / 순결
❷ 평화	불안 / 평온
❸ 바깥쪽	반쪽 / 안쪽

우리의 옷, 한복

◆ 우리나라의 전통 옷을 무엇이라고 하는지 해당하는 낱말을 찾아 색칠해요.
◆ 한복을 바르게 입는 방법 두 가지를 찾아 밑줄을 그어요.

① 한복은 우리 민족이 옛날부터 입어 온 우리나라의 전통 옷이다. 한복에는 기본적으로 남자가 입는 저고리와 바지, 여자가 입는 저고리와 치마가 있다. 남자가 입는 저고리는 보통 허리까지 오는 길이로 여자가 입는 저고리보다 길이가 긴 편이다. 저고리 위에는 조끼, 배자, 마고자와 같은 옷을 덧입을 수 있는데, 날이 추울 때에는 남녀 모두 옷자락이 무릎까지 내려오는 긴 두루마기를 그 위에 겹쳐 입기도 한다.

조끼

배자

마고자

두루마기

② 한복을 바르게 입기 위해서는 남자든 여자든 옷고름을 잘 매야 한다. 옷고름은 저고리나 두루마기 앞에 기다랗게 달아 옷자락을 여미게 하는 끈으로 다른 사람이 바라볼 때 항상 옷고름의 머리가 오른쪽에 와야 한다. 그리고 남자는 대님이라는 끈으로 바지의 끝부분을 발목에 매어 단정하게 입어야 한다.

옷고름

대님

저고리와 바지를 입은 남학생   저고리와 치마를 입은 여학생

◆ **기본적**: 어떤 일이나 사물의 가장 중심이 되는 것
◆ **덧입을**: 옷을 입은 위에 겹쳐 입을
◆ **단정하게**: 옷차림새나 몸가짐 따위가 얌전하고 바르게

49

글을 이해해요

01 이 글의 중심 낱말로 알맞은 것을 찾아 ○ 표시를 하세요.

| 대 | 님 | | 한 | 복 | | 옷 | 고 | 름 | | 저 | 고 | 리 |

02 다음 학생이 입고 있는 한복에 모두 ✔ 표시를 하세요(3개).

☐ 저고리   ☐ 바지

☐ 치마   ☐ 조끼

☐ 마고자   ☐ 두루마기

03 다음 중 옷고름을 바르게 맨 친구는 누구인지 이름을 쓰세요.   [✏️   ]

지수   연지

04 다음은 이 글의 중심 내용이에요. 빈칸에 알맞은 낱말을 넣어 문장을 완성해 보세요.

한복은 우리 ⬚ㅁ ⬚ㅈ 이 옛날부터 입어 온 전통 옷으로, 남자 저고리와 바지, 여자 저고리와 ⬚ㅊ ⬚ㅁ 가 기본이고, 조끼, 배자, 마고자, 두루마기를 덧입을 수 있다. 한복을 바르게 입으려면 옷고름과 ⬚ㄷ ⬚ㄴ 을 잘 매야 한다.

01 따라 쓰며 낱말의 뜻을 찾아 바르게 연결해 보세요.

① 민 족 ·
② 보 통 ·
③ 치 마 ·
④ 한 복 ·
⑤ 기 본 적 ·

· ㄱ 우리나라의 전통 옷

· ㄴ 특별하지 않게. 또는 흔히

· ㄷ 어떤 일이나 사물의 가장 중심이 되는 것

· ㄹ 허리부터 다리 부분까지 하나로 이어져 가랑이가 없는 아래옷

· ㅁ 일정한 지역에서 오랜 세월 동안 함께 생활하면서 이루어진 사회 집단

02 보기 에서 알맞은 낱말을 골라 다음 문장을 바르게 완성하세요.

보기
| 기본적 | 덧입(다) | 여미(다) | 저고리 | 단정(하다) |

① 인사는 [ ][ ][ ]으로 갖추어야 하는 예절이다.

② 헝클어진 머리를 [ ][ ]하게 빗질하니 깔끔해 보인다.

③ 날씨가 추워지면 마고자 위에 두루마기를 [ ][ ]을 수 있다.

03 갈림길에 낱말의 뜻이 적혀 있어요. 해당하는 낱말을 골라 민재에게 문구점으로
가는 길을 안내해 주세요.

03 마트에 가면

다음 가족은 어떤 장소에 있는 물건들의 이름을 계속 말하는 놀이를 하고 있어요. 마트에 가면 어떤 물건이 있는지를 생각하면서 읽어 보아요.

나 엄마, 아빠! 저 오늘 학교에서 어떤 장소에 가면 무슨 물건이 있는지 말하는 놀이를 했어요.

아빠 그래? 그 놀이는 어떻게 하는 거니?

나 예를 들어 장소가 학교라면, "학교에 가면 가방도 있고 칠판도 있고" 이렇게 노래를 부르는 거예요. 자기 차례가 되면 물건을 하나씩 새로 말해야 해요.

동생 재미있겠다! 우리도 해 봐요. 난 마트가 좋아.

엄마 그럼 엄마부터 시작할게. 마트에 가면 휴지가 있고

동생 마트에 가면 휴지가 있고 과자가 있고

나 마트에 가면 휴지가 있고 과자가 있고 그릇이 있고

아빠 마트에 가면 휴지가 있고 과자가 있고 그릇이 있고 오징어가 있고

엄마 마트에 가면 휴지가 있고 과자가 있고 그릇이 있고 오징어가 있고 우유가 있고

동생 마트에 가면 휴지가 있고 ㄱ 가 있고 ㄴ 이 있고 ㄷ 가 있고 우유가 있고……. 아, 마트에서 또 뭘 팔지? 생각이 안 나.

나 와, 걸렸다! 지율이 너, 벌칙 받을 준비해.

01 이 놀이의 이름을 지으려고 해요. 가장 알맞은 이름은 무엇일까요?

① 끝말잇기 놀이
② 십자말풀이 놀이
③ 말 덧붙이기 놀이

02 동생을 돕기 위해 마트에서 파는 물건의 이름을 알려 주려고 해요. 다음 물건의 이름으로 알맞은 것에 ○ 표시를 하세요.

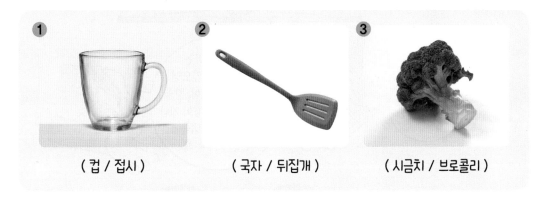

(컵 / 접시)　　　　(국자 / 뒤집개)　　　　(시금치 / 브로콜리)

03 놀이의 규칙을 생각하면서 ㉠~㉢에 들어갈 알맞은 말을 쓰세요.

마트에 가면 휴지가 있고, ㉠ [　　　] 가 있고, ㉡ [　　　] 이 있고, ㉢ [　　　] 가 있고, 우유가 있고…….

04 안전하게 쓱싹쓱싹

> 66
>
> 학용품을 안전하게
> 사용하는 방법을
> 이해하며 읽어요.
>
> 99

연필, 칼, 가위와 같은 학용품을 안전하게 사용하기 위해서 주의해야 할 점을 살펴보아요.

01 학용품을 안전하게 사용한 친구의 말에 ✓ 표시를 하세요.

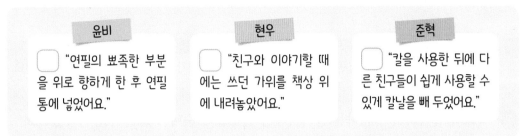

윤비	현우	준혁
☐ "연필의 뾰족한 부분을 위로 향하게 한 후 연필통에 넣었어요."	☐ "친구와 이야기할 때에는 쓰던 가위를 책상 위에 내려놓았어요."	☐ "칼을 사용한 뒤에 다른 친구들이 쉽게 사용할 수 있게 칼날을 빼 두었어요."

02 다음 중 안전한 위치에 왼손을 두고 있는 모습에 ○ 표시를 하세요.

❶ ( ) ❷ ( )

03 다음은 학용품을 안전하게 사용하는 방법을 정리한 안내문이에요. 그림의 학용품을 안전하게 사용하는 방법을 쓰세요.

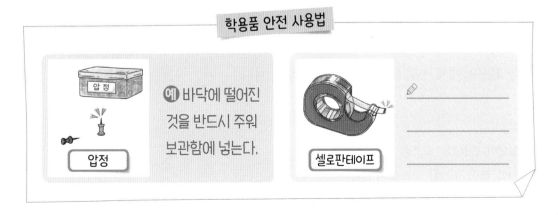

학용품 안전 사용법

압정 — 예 바닥에 떨어진 것을 반드시 주워 보관함에 넣는다.

셀로판테이프 — ✎ _____

11 내 친구 아기 고양이

◆ 준하와 친구들이 놀이터에서 발견한 동물을 찾아 색칠해요.
◆ 준하와 친구들이 아기 고양이와 어떤 사이가 되었는지를 찾아 밑줄을 그어요.

① 학교가 끝나자마자 준하는 놀이터에서 친구들과 숨바꼭질 놀이를 시작했어요.

"꼭꼭 숨어라, 머리카락 보일라. 다 숨었니? 그럼 찾는다!"

술래가 된 준하는 미끄럼틀 아래, 나무 기둥 뒤를 샅샅이 살폈어요. 그때 어디선가 고양이 울음소리가 들렸어요. 이리저리 둘러보던 준하의 시선이 멈춘 곳은 바로 놀이터 의자 아래였어요. 아기 고양이가 엄마를 잃어버렸는지 혼자 가엾게 울고 있었어요.

"얘들아, 다들 나와 봐! 여기 아기 고양이가 있어! 빨리, 빨리!"

② 준하의 다급한 목소리를 들은 친구들이 하나둘씩 나와 의자 앞으로 모여들었어요. 아기 고양이는 눈을 깜빡깜빡하며 아이들의 얼굴을 요리조리 살피더니, 꼬리를 곧게 세우며 반갑게 인사를 했어요. 현준이가 가방에서 물통을 꺼내 바닥에 물을 부어 주자 아기 고양이는 할짝할짝 물을 먹었어요. 민아는 그 모습이 귀여워 아기 고양이의 머리를 쓰다듬어 주었답니다.

"너무 귀엽다. 우리 집에 데려가고 싶어."

"내일도 고양이가 놀이터에 있을까?"

아이들은 아쉬워하며 집으로 돌아갔습니다.

③ 다음 날 아이들은 학교가 끝나자마자 또다시 놀이터로 몰려들었습니다. 아기 고양이가 기다렸다는 듯이 아이들을 보고 눈인사를 하네요.

"얘들아, 우리 새 친구에게 멋진 이름을 지어 주는 게 어때?"

준하의 말에 아이들은 모두 씨익 웃으며 고개를 끄덕였습니다. 그렇게 아기 고양이는 준하와 친구들에게 웃음을 주는 친구가 되었답니다.

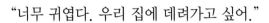

◆ **샅샅이**: 빈틈없이 모조리
◆ **시선**: 눈이 가는 길. 또는 눈의 방향
◆ **다급한**: 일이 바싹 닥쳐서 매우 급한

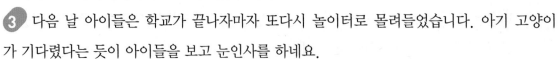

01 이 글의 중심 낱말로 알맞은 것을 찾아 ○ 표시를 하세요.

| 놀 | 이 | 터 |

| 숨 | 바 | 꼭 | 질 |

| 아 | 기 | 고 | 양 | 이 |

02 이야기의 흐름에 따라 이 글의 내용을 정리했어요. 빈칸에 알맞은 말을 쓰세요.

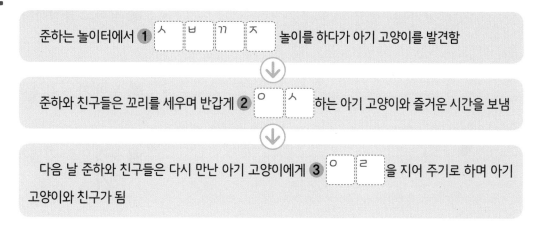

준하는 놀이터에서 ❶ | ㅅ | ㅂ | ㄲ | ㅈ | 놀이를 하다가 아기 고양이를 발견함

⬇

준하와 친구들은 꼬리를 세우며 반갑게 ❷ | ㅇ | ㅅ | 하는 아기 고양이와 즐거운 시간을 보냄

⬇

다음 날 준하와 친구들은 다시 만난 아기 고양이에게 ❸ | ㅇ | ㄹ | 을 지어 주기로 하며 아기 고양이와 친구가 됨

03 다음 중 인물들의 모습으로 알맞은 것은 무엇인가요? [✎   ]

① 준하는 그네를 타다가 울고 있는 고양이를 만났다.
② 민아는 아기 고양이가 귀여워서 머리를 쓰다듬어 주었다.
③ 현준이는 친구들에게 아기 고양이의 엄마를 찾아 주자고 하였다.

04 다음은 이 글의 중심 내용이에요. 빈칸에 알맞은 낱말을 넣어 문장을 완성해 보세요.

준하와 친구들은 놀이터에서 | ㅅ | ㅂ | ㄲ | ㅈ | 을 하다가 만난 귀여운 아기
| ㄱ | ㅇ | ㅇ | 와 | ㅊ | ㄱ | 가 되었다.

01 따라 쓰며 낱말의 뜻을 찾아 바르게 연결해 보세요.

① 벌 써 •

② 시 선 •

③ 가 엾 다 •

④ 눈 인 사 •

⑤ 샅 샅 이 •

• ㄱ 빈틈없이 모조리

• ㄴ 생각보다 빠르게

• ㄷ 딱하고 불쌍하다.

• ㄹ 눈이 가는 길. 눈의 방향

• ㅁ 눈짓으로 가볍게 하는 인사

02 보기 에서 알맞은 낱말을 골라 다음 문장을 바르게 완성하세요.

> **보기**
>
> 가엾(다)   샅샅이   아쉽(다)   다급(하다)   쓰다듬(다)

① 경찰은 도둑을 찾아 마을을 ☐☐☐ 뒤졌다.

② 나는 소변이 마려워 ☐☐ 하게 화장실을 찾았다.

③ 놀이공원에서 엄마를 잃고 울고 있는 아이가 ☐☐ 게 느껴졌다.

03 다음 어휘 카드에 적힌 뜻을 읽고, 그 뜻에 알맞은 낱말을 골라 ✓표시를 하세요.

❶ 뜻대로 되지 않아 서운하다.

☐ 손쉽다　☐ 아쉽다

❷ 여럿이 한곳을 향하여 오다.

☐ 모여들다　☐ 모험하다

❸ 일이 바싹 닥쳐서 매우 급하다.

☐ 가득하다　☐ 다급하다

❹ 눈이 자꾸 감겼다 뜨이는 모양

☐ 깜빡깜빡　☐ 요리조리

❺ 혀끝으로 조금씩 가볍게 잇따라 핥는 모양

☐ 깔짝깔짝　☐ 할짝할짝

12 짜디짠 눈물

◆ 우리가 울 때 눈에서 흐르는 게 무엇인지 해당하는 낱말에 색칠해요.
◆ 눈물에서 짠맛이 나는 이유가 무엇인지를 설명하는 부분에 밑줄을 그어요.

1 "아! 짜다!"

눈물을 흘리다가 눈물이 입에 들어간 적이 있는 사람은 알 거예요. 눈물에서는 짠맛이 난다는 것을요. 바닷물도 아닌데 눈물은 왜 짠맛이 나는 것일까요? 눈물은 대부분 물로 이루어져 있고, 단백질, 지방, 나트륨, 라이소자임 등의 물질이 조금씩 들어 있어요. 그중에서 '나트륨'은 소금처럼 짠맛이 나는 물질이어서 눈물에서 짠맛이 나는 것이죠. 눈물에 들어 있는 물질 중 '라이소자임'은 병균을 죽이는 물질이에요. 그래서 눈물은 우리 눈을 보호해 주는 역할도 한답니다.

2 그런데 모든 눈물이 똑같지는 않아요. 우리는 눈에 먼지가 들어갔을 때나 양파를 깔 때 눈물을 흘리고는 해요. 이때의 눈물은 눈을 보호하기 위해 흘리는 것이에요. 또한 우리는 슬플 때나 감동을 했을 때, 그리고 화가 날 때도 눈물을 흘려요. 이때의 눈물은 우리의 감정 때문에 생기는 것이에요. 이렇게 어떤 기분을 느낄 때 흘리는 눈물은 다른 때 흘리는 눈물보다 나트륨이 더 많아서 조금 더 짜다고 합니다.

라이소자임
나트륨

◆ **병균**: 병을 일으키는 세균
◆ **보호해**: 위험이나 곤란 따위가 미치지 않도록 잘 보살펴 돌봐
◆ **감동**: 크게 느끼어 마음이 움직임

01 이 글의 중심 낱말로 알맞은 것을 찾아 ○ 표시를 하세요.

| 눈 | 눈 물 | 지 방 | 단 백 질 |

02 눈물에 대한 설명이 맞으면 ○, 틀리면 ✕ 표시를 하세요.

1 눈물은 소금물로 이루어져 있다. [○ / ✕]

2 눈물은 우리 눈을 병균으로부터 지켜 준다. [○ / ✕]

3 눈물은 감동했을 때나 화가 날 때에는 잘 나오지 않는다. [○ / ✕]

03 다음은 감정을 느낄 때 흘리는 눈물을 설명하는 그림이에요. 괄호 안에 들어갈 내용으로 알맞은 것을 골라 보세요.

사람은 감정을 느낄 때에도 눈물을 흘린다. 이때의 눈물에는 [나트륨 / 라이소자임]이 많이 들어 있다. 그래서 다른 때 흘리는 눈물보다 조금 더 [달다 / 짜다].

04 다음은 이 글의 중심 내용이에요. 빈칸에 알맞은 낱말을 넣어 문장을 완성해 보세요.

눈물은 대부분 ㅁ 로 이루어져 있지만 다른 물질들도 조금씩 들어 있는데, 그중 ㅅㄱ 처럼 짠맛이 나는 ㄴㅌㄹ 때문에 눈물에서 짠맛이 난다. 또한 눈물은 눈을 ㅂㅎ 하기 위해 흘리기도 하지만 우리의 감정 때문에 흘리기도 한다.

어휘를 익혀요

01 따라 쓰며 낱말의 뜻을 찾아 바르게 연결해 보세요.

❶ 감 동 ·

❷ 병 균 ·

❸ 보 호 ·

❹ 짠 맛 ·

❺ 역 할 ·

· **ㄱ** 소금과 같은 맛

· **ㄴ** 병을 일으키는 세균

· **ㄷ** 크게 느끼어 마음이 움직임

· **ㄹ** 자기가 마땅히 하여야 할 맡은 바의 일

· **ㅁ** 위험이나 곤란 따위가 미치지 않도록 잘 보살펴 돌봄

02 보기 에서 알맞은 낱말을 골라 다음 문장을 바르게 완성하세요.

보기

| 감동 | 병균 | 대부분 | 바닷물 | 보호(하다) |

❶ 우리 반 친구들은 ☐☐☐ 체육 활동을 좋아한다.

❷ 친구의 마음이 담긴 편지를 읽으니 ☐☐ 이 밀려왔다.

❸ 어른들은 어린이들을 안전하게 ☐☐ 해 줄 의무가 있다.

03 갈림길에 낱말의 뜻이 적혀 있어요. 해당하는 낱말을 골라 민재에게 집으로 가는 길을 안내해 주세요.

이 옷이 딱이야

◆ 현장 체험 학습 안내문에서 일기 예보를 보고 갖추라고 한 것을 찾아 색칠해요.
◆ 해가 쨍쨍한 맑은 날과 비가 오는 날에 알맞은 옷차림을 찾아 각각 밑줄을 그어요.

현장 체험 학습 안내문

① 잔디 초등학교 1학년 어린이 여러분, 9월 22일에 민속촌으로 현장 체험 학습을 갈 예정입니다. 이날은 야외에서 많은 활동을 할 계획이니, 꼭 일기 예보를 확인하고 날씨에 알맞은 옷차림을 갖추도록 하세요.

② 기온이 25도보다 높고 해가 쨍쨍한 맑은 날에는 시원한 반팔과 반바지를 입고, 햇빛을 가릴 수 있도록 챙이 넓은 모자를 써야 합니다. 약간 흐린 날씨에는 구름이 햇빛을 막아 주니까 반드시 모자를 쓸 필요는 없습니다. 만약 비가 온다면 우산을 들고 나와야 하며, 축축한 바닥을 걸어도 괜찮도록 고무장화를 신고, 비옷을 입으세요. 가을 날씨라도 기온이 20도 아래로 내려가면 춥답니다. 따라서 두껍지 않은 긴팔과 긴바지를 입고, 가벼운 겉옷을 챙겨 주세요. 그러면 감기에 걸리지 않을 거예요.

③ 우리 모두 날씨에 알맞은 옷차림을 갖춰서, 건강하게 현장 체험 학습을 다녀오도록 합시다.

9/22(수)	9/23(목)	9/24(금)	9/25(토)
☀️	🌤️	🌧️	⛈️
맑음	약간 흐림	비	번개
28도	24도	18도	17도

일기 예보를 전해 드립니다. 내일인 수요일은 하늘이 맑고 기온이 높아 더운 날씨가 예상됩니다.

◆ **야외**: 집 밖이나 사방을 가리지 않은, 건물의 바깥
◆ **일기 예보**: 날씨의 변화를 예측하여 미리 알리는 일
◆ **챙**: 모자 끝에 대서 햇볕을 가리는 부분

01 현장 체험 학습 안내문에서 전달하고 있는 중심 내용을 찾아 ○ 표시를 하세요.

| 가을 날씨 | 일기 예보 | 날씨에 알맞은 옷차림 |

02 현장 체험 학습 날에 어떤 옷차림을 해야 할지 모두 골라 ✓ 표시를 하세요(3개).

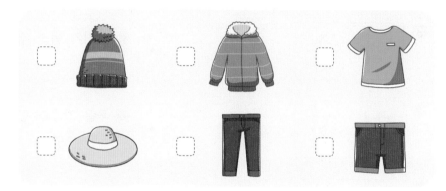

03 수호는 9월 24일에 할머니 댁에 다녀오기로 했어요. 이날 수호의 옷차림으로 알맞은 것에 ○ 표시를 하세요.

(   )   (   )   (   )

04 다음은 이 글의 중심 내용이에요. 빈칸에 알맞은 낱말을 넣어 문장을 완성해 보세요.

ㅇㅇ 로 현장 체험 학습을 갈 때는 ㅇㄱㅇㅂ 를 확인하고, 날씨에 알맞은 ㅇㅊㄹ 을 갖추어야 한다.

01 따라 쓰며 낱말의 뜻을 찾아 바르게 연결해 보세요.

❶ 야 외 •

    • ㉠ 배워서 익힘

❷ 체 험 •

    • ㉡ 사물이 현재 있는 곳

❸ 학 습 •

    • ㉢ 자기가 몸소 겪음. 또는 그런 경험

❹ 현 장 •

    • ㉣ 옷을 갖추어 입음. 옷을 차려 입은 모양

❺ 옷 차 림 •

    • ㉤ 집 밖이나 사방을 가리지 않은, 건물의 바깥

02 보기 에서 알맞은 낱말을 골라 다음 문장을 바르게 완성하세요.

> **보기**
>
> 날씨   야외   체험   축축(하다)   확인(하다)

❶ 봄이 되자 ☐☐ 로 소풍을 나가는 사람들이 많아졌다.

❷ 나는 비를 맞아 ☐☐ 해진 풀밭에서 한참 동안 뛰놀았다.

❸ 나는 아침마다 ☐☐ 를 살펴보고 학교에 입고 갈 옷을 정한다.

03 다음 어휘 카드에 적힌 낱말의 뜻을 생각하며 물음에 답하세요.

(1) 제시된 낱말과 비슷한 낱말을 골라 ○ 표시를 하세요.

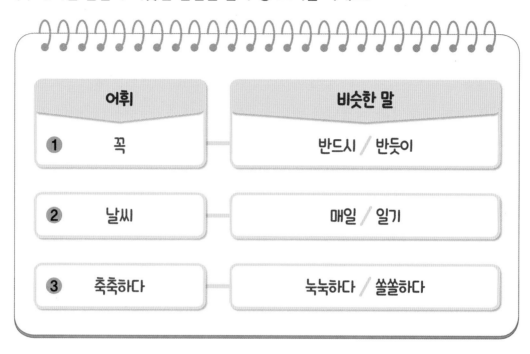

어휘	비슷한 말
① 꼭	반드시 / 반듯이
② 날씨	매일 / 일기
③ 축축하다	눅눅하다 / 쏠쏠하다

(2) 제시된 낱말과 반대되는 낱말을 골라 ○ 표시를 하세요.

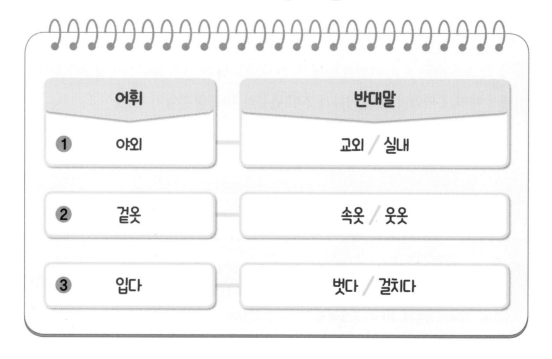

어휘	반대말
① 야외	교외 / 실내
② 겉옷	속옷 / 웃옷
③ 입다	벗다 / 걸치다

14 공휴일은 노는 날?

◆ 나라에서 다 함께 쉬기로 정한 날이 무엇인지 해당하는 낱말에 색칠해요.
◆ 공휴일과 국경일의 차이를 설명하는 부분에 밑줄을 그어요.

1 '공휴일'이란 나라에서 다 함께 쉬기로 정한 날이에요. 달력에는 빨간색으로 날짜를 표시하지요. 흔히 '공휴일'과 '국경일'을 헷갈리기 쉬운데, '국경일'은 나라의 기쁜 일을 기념하기 위해 나라에서 정한 날을 말해요. 우리나라의 국경일에는 삼일절, 제헌절, 광복절, 개천절, 한글날이 있어요. 이 국경일 중에서 쉬기로 정한 날이 바로 공휴일이고, 쉬지 않기로 정한 날은 공휴일이 아니에요. 우리나라에서 법으로 정한 공휴일을 알고 싶다면 오른쪽 표를 참고해 보세요.

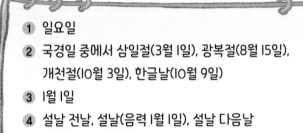

1 일요일
2 국경일 중에서 삼일절(3월 1일), 광복절(8월 15일), 개천절(10월 3일), 한글날(10월 9일)
3 1월 1일
4 설날 전날, 설날(음력 1월 1일), 설날 다음날
5 부처님 오신 날(음력 4월 8일)
6 어린이날(5월 5일)
7 현충일(6월 6일)
8 추석 전날, 추석(음력 8월 15일), 추석 다음날
9 성탄절(12월 25일)

2 한편 공휴일이었다가 아닌 날로 바뀐 날도 있어요. 나무를 심는 날인 식목일(4월 5일)은 2005년까지 공휴일이었지만, 2006년부터는 쉬지 않게 되었어요. 헌법을 만든 날인 제헌절(7월 17일)은 2007년까지 공휴일이었지만, 2008년부터는 쉬지 않는 국경일이 되었지요. 그리고 세종 대왕이 한글을 만든 것을 기념하는 날인 한글날(10월 9일)은 공휴일이었다가 1991년에 공휴일에서 빠지게 되었어요. 그러다가 2013년부터 다시 공휴일이 된 것이죠.

◆ **달력:** 한 해를 열두 달로 나누어 날짜, 요일, 행사일 등을 적어 놓은 것
◆ **기념하기:** 어떤 뜻깊은 일이나 훌륭한 인물 등을 오래도록 잊지 아니하고 마음에 간직하기
◆ **참고해:** 살펴서 생각해. 살펴서 도움이 될 만한 재료로 삼아

01 이 글의 중심 낱말로 알맞은 것을 찾아 ○ 표시를 하세요.

| 공 | 휴 | 일 |

| 식 | 목 | 일 |

| 일 | 요 | 일 |

02 다음 국경일 중 현재 우리나라의 공휴일이 <u>아닌</u> 날에 ✓ 표시를 하세요.

삼일절(3월 1일) ☐   제헌절(7월 17일) ☐   광복절(8월 15일) ☐

개천절(10월 3일) ☐   한글날(10월 9일) ☐

03 다음 달력의 공휴일 표시를 보고, 찢어진 달력이 몇 월인지 쓰세요.

| 2024 |
일	월	화	수	목	금	토
			1	2	3	4	5
6	7	8	9	10	11	12
13	14	15	16	17	18	19
20	21	22	23	24	25	26
27	28	29	30	31		

☐ 월

04 다음은 이 글의 중심 내용이에요. 빈칸에 알맞은 낱말을 넣어 문장을 완성해 보세요.

공휴일은 ㄴㄹ 에서 다 함께 쉬기로 정한 날로, 나라의 기쁜 일을 기념하기 위

해 정한 ㄱㄱㅇ 과는 다르다.

01 따라 쓰며 낱말의 뜻을 찾아 바르게 연결해 보세요.

① 기 념 •
② 달 력 •
③ 참 고 •
④ 흔 히 •
⑤ 공 휴 일 •

• ㄱ 나라에서 정하여 다 함께 쉬는 날

• ㄴ 보통보다 더 자주 있어서 쉽게 접할 수 있게

• ㄷ 살펴서 생각함. 살펴서 도움이 될 만한 재료로 삼음

• ㄹ 한 해를 열두 달로 나누어 날짜, 요일, 행사일 등을 적어 놓은 것

• ㅁ 어떤 뜻깊은 일이나 훌륭한 인물 등을 오래도록 잊지 아니하고 마음에 간직함

02 보기에서 알맞은 낱말을 골라 다음 문장을 바르게 완성하세요.

보기

| 나라 | 달력 | 기념(하다) | 참고(하다) | 헷갈리(다) |

① ☐☐ 을 보면 내 생일이 무슨 요일인지 알 수 있다.

② 받아쓰기를 할 때 '애'와 '에'를 ☐☐☐ 기 쉽다.

③ 삼일절은 1919년 3월 1일에 일어난 삼일 운동을 ☐☐ 하는 날이다.

70

03 다음 뜻에 해당하는 낱말을 찾아 가로, 세로, 대각선으로 표시해 보세요.

① 세종 대왕이 한글을 만든 것을 기념하기 위하여 정한 날

② 한 해를 열두 달로 나누어 날짜, 요일, 행사일 등을 적어 놓은 것

③ 나라의 축하할 만한 기쁜 일을 기념하기 위하여 나라에서 법으로 정한 날

④ 나무를 많이 심고 가꾸도록 하기 위해 나라에서 정한 날. 우리나라는 4월 5일임

만지면 잎이 움직인다고?

◆ 만지면 잎이 움직이는 식물의 이름을 찾아 색칠해요.
◆ 백과사전을 통해 알게 된 미모사의 특징 세 가지를 찾아 밑줄을 그어요.

1 나는 학교를 마치고 언니와 함께 집 앞에 있는 식물원을 찾아갔다. 언니가 만지면 잎이 움직이는 식물이 있다고 했는데, 내가 그 말을 안 믿었기 때문이다.

"동물도 아닌데 식물이 어떻게 움직여?"

"내가 정말로 봤다니까? 그럼 식물원에 가서 직접 볼래?"

우리는 식물원 안쪽에 있는 온실로 들어가서 '미모사'라는 팻말이 꽂혀 있는 한 화분을 찾았다. 거기에는 작고 가느다란 여러 개의 초록 잎들이 새의 깃털 모양처럼 나 있는 식물이 있었다. 나는 언니의 말이 사실일까 궁금해서 잎의 끝 부분을 살짝 건드려 보았다. 그랬더니 잎이 깜짝 놀란 듯이 움츠러드는 것이었다. 나도 덩달아 놀라 한 걸음 물러났다. 식물이 움직이는 것을 보니 너무 신기했다.

2 나는 미모사에 대해 더 많은 것을 알고 싶어 집에 오자마자 백과사전을 꺼냈다. 미모사는 원래 브라질과 같이 더운 나라에서 자라는 풀이라고 한다. 잠을 자는 것 같다고 해서 '잠풀'이라고 불리기도 하고, 만지면 반응하기 때문에 '신경초'라고 불리기도 한다. 잠을 자다가도 만지면 신경질을 부리는 것처럼 움직여서 그런 이름이 붙은 걸까? 그래도 사람의 병을 고치는 약초로도 쓰인다고 하니 고마운 풀인 건 분명하다. 새로운 경험을 통해서 뜻밖의 사실을 알게 된 하루였다.

◆ **온실**: 추운 날씨에도 식물을 기를 수 있게 안을 따뜻하게 만든 방
◆ **백과사전**: 과학과 자연 및 인간에 관한 온갖 지식을 찾아보기 쉬운 차례에 따라 풀이한 책
◆ **약초**: 약으로 쓰는 풀

01 이 글의 중심 낱말로 알맞은 것을 찾아 ○ 표시를 하세요.

| 약 | 초 |

| 온 | 실 |

| 미 | 모 | 사 |

| 식 | 물 | 원 |

02 이 글의 '나'에 대한 설명이 맞으면 ○, 틀리면 ✕ 표시를 하세요.

1 언니와 함께 식물원에 가서 직접 미모사를 보았다. [○ / ✕]

2 새로운 경험을 통해 알게 된 사실이 신기하고 놀라웠다. [○ / ✕]

3 학교 도서관에 가서 인터넷 검색을 통해 미모사의 특징에 대해 찾아보았다. [○ / ✕]

03 다음 중 미모사의 특징을 <u>잘못</u> 이해한 친구의 이름을 쓰세요. [✏]

만지면 움찔하고 움츠러든다.

서영

사람의 병을 고치는 약초로 쓰인다.

자경

주로 추운 지방에서 잘 자라는 풀이다.

서준

04 다음은 이 글의 중심 내용이에요. 빈칸에 알맞은 낱말을 넣어 문장을 완성해 보세요.

나는 ㅅㅁㅇ 에 가서 만지면 ㅇ 이 움직이는 식물인 미모사를 보고 신기했다. 그래서 집에 오자마자 ㅂㄱㅅㅈ 으로 미모사에 대해 더 알아보았다.

01 따라 쓰며 낱말의 뜻을 찾아 바르게 연결해 보세요.

1  경 험 • • ㄱ 약으로 쓰는 풀

2  약 초 • • ㄴ 꽃을 심어 가꾸는 그릇

3  온 실 • • ㄷ 자신이 실제로 해 보거나 겪어 봄. 또는 거기서 얻은 것

4 화 분 • • ㄹ 추운 날씨에도 식물을 기를 수 있게 안을 따뜻하게 만든 방

5 식 물 원 • • ㅁ 식물의 연구나 구경을 위해 많은 종류의 식물을 모아 기르는 곳

02 보기 에서 알맞은 낱말을 골라 다음 문장을 바르게 완성하세요.

보기
약초　　온실　　팻말　　백과사전

1 할아버지께서는 □□에 예쁜 꽃들을 심고 기르셨다.

2 나무꾼은 어머니의 병을 고칠 □□를 캐러 산으로 갔다.

3 나는 철새에 대해 더 알고 싶어서 □□□□을 찾아보았다.

03 다음 뜻에 해당하는 낱말을 빈칸에 써서 끝말잇기를 해 보세요. 잘 모르겠다면 초성 힌트를 참고해 보세요.

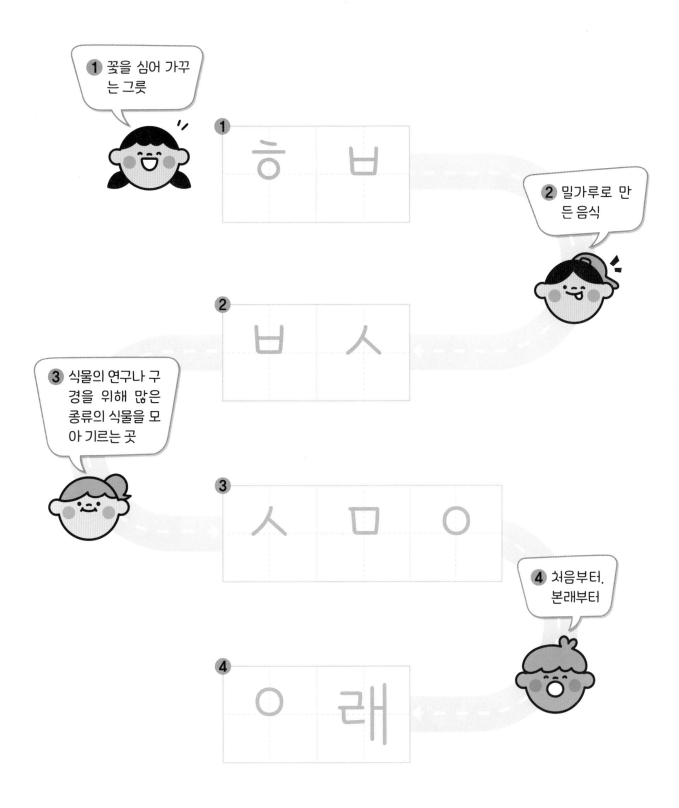

1 꽃을 심어 가꾸는 그릇

1 ㅎ ㅂ

2 밀가루로 만든 음식

2 ㅂ ㅅ

3 식물의 연구나 구경을 위해 많은 콩류의 식물을 모아 기르는 곳

3 ㅅ ㅁ ㅇ

4 처음부터, 본래부터

4 ㅇ 래

생활

05 종이컵 스피커 만들기

66
종이컵 스피커 만들기의
순서를 정리하며 읽어요.
99

　멀리 있는 친구를 부를 때 두 손을 모아 입 앞에 대면 손이 소리를 퍼지게 않게 모아 주어서 소리를 좀 더 크게, 또 멀리 전할 수 있어요. 이런 원리를 이용해서 종이컵 스피커를 만들어 보아요.

1 단계
준비물은 큰 종이컵 두 개, 휴지 심, 가위입니다. 종이컵이 클수록 소리를 더 잘 모아 주기 때문에 큰 것을 준비하면 좋아요.

2 단계
먼저 종이컵 옆면에 휴지 심을 끼울 수 있도록 연필로 휴지 심 크기 정도의 동그라미를 그리세요. 그린 모양보다 조금 더 크게 가위로 오려 내요.

3 단계
그다음 휴지 심을 가로로 길게 자르세요. 휴대 전화를 꽂아야 하기 때문이에요.

4 단계
마지막으로 종이컵의 구멍에 휴지 심을 넣어 연결하고, 휴지 심의 잘린 부분에 휴대 전화를 꽂아서 음악을 틀어 보세요.

01 종이컵 스피커를 만들기 위한 준비물이 <u>아닌</u> 것은 무엇인가요? ✎

① 가위　　　　　　　② 건전지　　　　　　　③ 휴지 심

02 종이컵 스피커를 만드는 과정을 보고, 빈칸에 들어갈 알맞은 말을 쓰세요.

> **1단계** 종이컵 스피커를 만드는 데 필요한 재료를 준비합니다.
>
> ⬇
>
> **2단계** 종이컵 ❶ ⬚ㅇ ⬚ㅁ 을 휴지 심보다 조금 더 큰 동그라미 모양으로 오려 냅니다.
>
> ⬇
>
> **3단계** 휴지 심을 ❷ ⬚ㄱ ⬚ㄹ 로 길게 자릅니다.
>
> ⬇
>
> **4단계** ❸ ⬚ㅈ ⬚ㅇ ⬚ㅋ 과 휴지 심을 연결합니다.

03 다음과 같이 완성한 종이컵 스피커에서 종이컵 두 개는 어떤 역할을 할까요?

✎

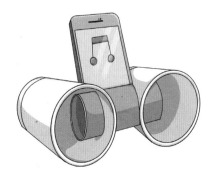

① 소리를 저장해 준다.
② 소리를 모아서 크게 전달한다.
③ 두 소리를 섞어서 다양한 소리를 만든다.

안전

06 표지판이 말을 해요

교통 표지판은 그림, 색, 글자 등을 사용하여 우리가 안전하게 길을 다닐 수 있는 방법을 알려 줘요. 우리 함께 교통 표지판의 종류를 알아보아요.

우리는 주의 표지판!

노란색으로 칠해진 삼각형의 가장자리에 빨간색 테두리가 있는 표지판이에요. 도로 상태가 안전하지 않거나, 도로에 위험물이 있을 때 주의하도록 미리 알려 주지요.

공사를 하고 있으니 주의하세요.

기차가 다니는 철길 건널목이니 조심하세요.

우리는 규제 표지판!

주로 빨간색 테두리가 있는 흰색 바탕이나 빨간색 바탕 위에 하지 말아야 할 상황 또는 행동을 표시한 표지판이에요. 안전을 위해 도로에서 하지 말아야 할 일을 미리 알려 주지요.

사람이 걸어 다니면 안 되는 곳이에요.

여기서는 자전거를 타면 안 돼요.

우리는 지시 표지판!

파란색 바탕 위에 지시하는 내용을 표시한 표지판이에요. 자동차의 진행 방향, 도로를 지나다니는 방법 등 안전을 위해 필요한 내용을 지시해 주지요.

보행자가 길을 건널 수 있는 곳이에요.

횡단보도

자전거 전용

자전거만 다닐 수 있는 도로예요.

01 빈칸에 들어갈 알맞은 말을 이 글에서 찾아 쓰세요.

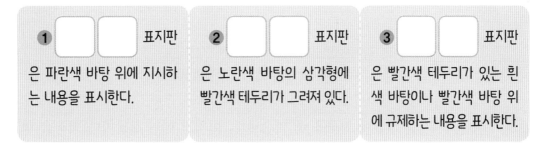

① ☐☐ 표지판은 파란색 바탕 위에 지시하는 내용을 표시한다.

② ☐☐ 표지판은 노란색 바탕의 삼각형에 빨간색 테두리가 그려져 있다.

③ ☐☐ 표지판은 빨간색 테두리가 있는 흰색 바탕이나 빨간색 바탕 위에 규제하는 내용을 표시한다.

02 다음 상황에 알맞은 표지판을 찾아 선으로 이으세요.

① 여기는 공사하는 곳이야.

② 여기는 차만 들어가. 사람이 걸어 들어가면 안 돼.

ㄱ

ㄴ

03 다음과 같은 말을 하고 있는 표지판은 무엇일까요? ✎ ☐

"차와 사람 모두 통행할 수 없어요!"

ㄱ   ㄴ   ㄷ

통행금지

어린이 보호

16 나이는 한 그릇

◆ 우리나라에서 설날에 먹는 음식을 찾아 색칠해요.
◆ 지역마다 다른 떡국의 종류 세 가지를 찾아 밑줄을 그어요.

1 우리나라에서는 설날에 떡국을 해 먹습니다. 이처럼 매년 설날마다 떡국을 먹기 때문에, "너 떡국 몇 그릇이나 먹었니?"라는 질문으로 상대방의 나이를 묻기도 하지요. 그렇다면 떡국은 언제부터 먹었을까요? 우리나라에서 떡국은 삼국 시대보다도 훨씬 전부터 먹었다고 알려져 있습니다. 떡국을 먹는 것은 오래된 전통인 셈이지요.

2 떡국은 어떻게 만들까요? 우선 쌀로 긴 모양의 가래떡을 만들어요. 그리고 그 가래떡을 동글납작한 모양으로 썰고 국물에 넣어 끓이면 떡국이 완성됩니다. 긴 가래떡으로 떡국을 만드는 것에는 긴 떡처럼 오래 살라는 의미가 담겨 있어요. 그리고 이 떡을 동그랗고 납작하게 썰어서 동전 모양으로 만드는 것에는 돈을 많이 벌라는 의미가 담겨 있지요. 이처럼 떡국에는 먹는 사람이 행복하기를 바라는 마음이 담겨 있답니다.

3 지역마다 먹는 떡국의 종류는 조금씩 달라요. 콩이 잘 자라는 전라도 지역에서는 콩으로 만든 두부를 넣은 두부 떡국을 먹어요. 통영은 굴을 쉽게 구할 수 있는 바닷가 지역이기 때문에 굴 떡국을 먹고요. 그리고 북쪽의 개성에서는 눈사람처럼 생긴 조랭이 떡을 넣은 조랭이 떡국을 먹는답니다.

두부 떡국

굴 떡국

조랭이 떡국

◆ **전통:** 어떤 집단이나 공동체에서, 옛날부터 전하여 내려오는 사상·관습·행동 따위의 양식
◆ **완성됩니다:** 완전히 다 이루어집니다.
◆ **종류:** 사물의 부문을 나누는 갈래

01 이 글의 중심 낱말로 알맞은 것을 찾아 ○ 표시를 하세요.

| 나 | 이 | | 떡 | 국 | | 설 | 날 | | 가 | 래 | 떡 |

02 떡국에 대한 설명으로 알맞은 것을 골라 보세요.

1 우리나라에서는 삼국 시대 [전 / 후]부터 떡국을 먹었다고 한다.

2 떡국을 [긴 / 짧은] 가래떡으로 만드는 것에는 오래 살라는 의미가 담겨 있다.

3 떡국에 들어가는 떡을 동전 모양으로 납작하고 [네모지게 / 동그랗게] 써는 것에는 돈을 많이 벌라는 의미가 담겨 있다.

03 다음 지도에 표시한 지역에서 주로 먹는 떡국을 이 글에서 찾아 쓰세요.

1 [　　　] 떡국

2 [　　　] 떡국

3 [　　　] 떡국

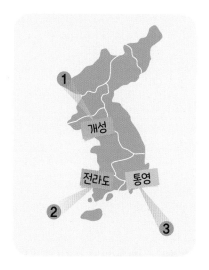

04 다음은 이 글의 중심 내용이에요. 빈칸에 알맞은 낱말을 넣어 문장을 완성해 보세요.

> 우리나라에서 매년 [ㅅ][ㄴ]마다 먹는 떡국에는 먹는 사람이 [ㅎ][ㅂ]하기를 바라는 마음이 담겨 있다. 또한 지역마다 먹는 떡국의 [ㅈ][ㄹ]는 조금씩 다르다.

어휘를 익혀요

01 따라 쓰며 낱말의 뜻을 찾아 바르게 연결해 보세요.

1  떡 국 •

• ㄱ 완전히 이루어짐

2 삼 국 •

• ㄴ 알고자 하는 바를 얻기 위해 물음

3 설 날 •

• ㄷ 가래떡을 얇게 썰어 맑은장국에 넣고 끓인 음식

4 완 성 •

• ㄹ 고대 우리나라에 있었던 세 나라. 신라, 백제, 고구려를 이름

5 질 문 •

• ㅁ 우리나라 명절의 하나. 음력으로 한 해의 첫째 달 초하룻날

02 보기 에서 알맞은 낱말을 골라 다음 문장을 바르게 완성하세요.

> **보기**
>
> 국물   종류   지역   완성(되다)   행복(하다)

1 소나무와 은행나무는 [   ][   ]가 다른 나무이다.

2 두 시간이나 걸려서 드디어 퍼즐 맞추기가 [   ][   ]되었다.

3 아빠는 경상도 [   ][   ]에서 태어나 서울로 이사를 왔다고 하셨다.

03 갈림길에 낱말의 뜻이 적혀 있어요. 해당하는 낱말을 골라 민재에게 집으로 가는 길을 안내해 주세요.

채소 가게

1 판판하고 얇으면서 좀 넓다.

납작하다

동그랗다

2 사물의 부문을 나누는 갈래

인류

종류

3 알고자 하는 바를 얻기 위해 물음

질문

대답

문구점

17 뿌리를 줄까, 잎을 줄까

◆ 부지런한 토끼가 게으른 토끼의 땅에 심은 채소가 무엇인지를 찾아 색칠해요.
◆ 부지런한 토끼가 화를 내는 게으른 토끼에게 한 말을 찾아 밑줄을 그어요.

1 어느 마을에 땅은 많았지만 농사를 짓지 않고 잠만 자는 게으른 토끼가 살았어요. 옆집에 사는 부지런한 토끼는 농사지을 땅이 없어서 콩이나 배추 등 먹이를 찾아다니느라 늘 배가 고팠지요. 어느 날, 부지런한 토끼는 무언가 결심한 듯 게으른 토끼를 찾아갔어요.

"좀 일어나 봐. 이 땅을 나에게 빌려주면 채소를 키워서 나누어 줄게."

잠에서 깬 게으른 토끼가 고개를 끄덕이자, 부지런한 토끼가 물었어요.

"어떻게 나눌까? 채소의 뿌리를 줄까, 잎을 줄까?"

게으른 토끼는 당연한 걸 왜 묻냐는 듯이 대답했어요.

"당연히 잎은 내가 가져야지."

2 부지런한 토끼는 땅에 씨를 심고, 물도 주었어요. 잡초도 열심히 뽑았지요. 채소가 자라는 동안에도 게으른 토끼는 잠만 잤어요. 드디어 채소가 다 자랐어요.

"채소가 다 자랐으니 너에게 잎을 주고, 나는 뿌리를 가질게."

부지런한 토끼는 땅에 심었던 당근을 열심히 캤어요. 그러고는 잎은 게으른 토끼에게 주고, 뿌리는 자기가 가졌어요. 잎을 받은 게으른 토끼는 버럭 소리쳤어요.

"이게 뭐야! 이걸 어떻게 먹으라고! 나에게도 당근을 줘!"

"네가 잎을 달라고 했잖아. 당근은 뿌리를 먹는 뿌리채소라고!"

화가 난 게으른 토끼는 이제부터 자기가 직접 농사를 짓기로 했어요. 부지런한 토끼에게 농사짓는 법을 배우면서 말이죠. 그 후로 게으른 토끼와 부지런한 토끼는 함께 농사를 짓는 사이좋은 이웃이 되었답니다.

◆ **결심한:** 할 일에 대하여 어떻게 하기로 마음을 굳게 정한
◆ **당연한:** 일의 앞뒤 사정을 놓고 볼 때 마땅히 그러한
◆ **버럭:** 성이 나서 갑자기 기를 쓰거나 소리를 냅다 지르는 모양

01 부지런한 토끼가 땅에 심고 기른 것이 무엇인지를 찾아 ○ 표시를 하세요.

| 콩 | 당 근 | 배 추 | 잡 초 |

02 이 글에 대한 내용이 맞으면 ○, 틀리면 ✕ 표시를 하세요.

1 게으른 토끼는 땅이 많았지만 농사를 짓지 않고 잠만 잤다. [○ / ✕]

2 부지런한 토끼는 게으른 토끼에게 땅을 빌려주면 씨를 나누어 준다고 했다. [○ / ✕]

3 게으른 토끼는 부지런한 토끼에게 채소가 다 자라면, 자기가 뿌리를 갖겠다고 말했다.

[○ / ✕]

03 게으른 토끼가 부지런한 토끼에게 잎을 받고 화를 낸 이유는 무엇인가요?

[✏]

① 잎이 싱싱하지 않아서 먹을 수 없었기 때문이다.
② 당근은 뿌리채소라서 뿌리인 당근을 먹기 때문이다.
③ 부지런한 토끼가 약속을 어기고 잎을 주었기 때문이다.

04 다음은 이 글의 중심 내용이에요. 빈칸에 알맞은 낱말을 넣어 문장을 완성해 보세요.

부지런한 토끼는 농사지을 땅이 없어서 게으른 토끼에게 [ㄸ]을 빌려 농사를 지었다. 그리고 약속한 대로 채소의 [ㅇ]은 게으른 토끼에게 주고 [ㅃ ㄹ]에 해당하는 [ㄷ ㄱ]은 자기가 가졌다.

어휘를 익혀요

01 따라 쓰며 낱말의 뜻을 찾아 바르게 연결해 보세요.

① 결심 •

② 당연 •

③ 버럭 •

④ 이웃 •

⑤ 잡초 •

• ㄱ 가까이 사는 집. 또는 그런 사람

• ㄴ 가꾸지 않아도 저절로 나서 자라는 여러 가지 풀

• ㄷ 성이 나서 갑자기 기를 쓰거나 소리를 냅다 지르는 모양

• ㄹ 일의 앞뒤 사정을 놓고 볼 때 마땅히 그러함. 또는 그런 일

• ㅁ 할 일에 대하여 어떻게 하기로 마음을 굳게 정함. 또는 그런 마음

02 보기 에서 알맞은 낱말을 골라 다음 문장을 바르게 완성하세요.

보기

버럭　　　　뿌리　　　　결심(하다)　　　　당연(하다)

① 서우는 오늘 밀린 숙제를 다 끝내기로 ☐☐했다.

② 잘못한 사람이 먼저 사과를 하는 게 ☐☐한 거야!

③ 형은 몰래 숨겨 둔 간식이 사라진 것을 알고 ☐☐ 화를 냈다.

03 다음 어휘 카드에 적힌 낱말의 뜻을 생각하며 물음에 답하세요.

(1) 제시된 낱말과 비슷한 낱말을 골라 ◯ 표시를 하세요.

어휘		비슷한 말
❶ 채소		야채 / 잡채
❷ 결심하다		다짐하다 / 푸짐하다
❸ 당연하다		마땅하다 / 몽땅하다

(2) 제시된 낱말과 반대되는 낱말을 골라 ◯ 표시를 하세요.

어휘		반대말
❶ 심다		놓다 / 캐다
❷ 게으르다		부끄럽다 / 부지런하다
❸ 사이좋다		싸우다 / 친하다

이끼는 무슨 일을 할까

◆ 축축한 땅 위나 바위, 나무 등에 달라붙어 자라는 식물의 이름에 색칠해요.
◆ 이끼가 하는 역할 세 가지를 찾아 밑줄을 그어요.

1️⃣ 앗! 이끼잖아? 미끄러질 뻔했네! 여러분들도 이끼를 밟고 미끄러질 뻔한 적이 있나요? 이끼는 축축한 땅 위나 바위, 나무 등에 달라붙어 자라는 식물이에요. 이끼를 생각하면 습하고 눅눅한 느낌이 떠올라 이끼를 좋아하지 않는 사람들도 있을 텐데요. 이끼가 비록 어둡고 그늘진 곳에서 자라지만 자연 속에서 나름 중요한 역할을 하고 있답니다. 그렇다면 이끼가 어떤 역할을 하는지 알아볼까요?

2️⃣ 먼저 이끼는 다른 식물이 잘 자랄 수 있도록 도움을 줍니다. 흙이 무너지거나 공사로 인해 맨땅이 드러난 곳에 이끼가 제일 먼저 자란다는 사실을 알고 있나요? 이끼가 자라면서 다른 식물이 자랄 수 있는 환경을 만들어 주는 것이랍니다. 둘째, 이끼는 홍수와 가뭄의 피해를 막는 데 도움을 줍니다. 이끼는 자기 무게의 다섯 배 정도의 물을 저장할 수 있다고 해요. 그래서 비가 갑자기 많이 내릴 때 자기 몸에 물을 저장했다가, 비가 잘 내리지 않을 때 자기 몸에 저장했던 물을 주변에 내주어 땅이 마르는 것을 막을 수 있는 것이지요. 셋째, 이끼는 상처를 치료하는 데에도 도움을 줍니다. 중국에서는 이끼를 식물 기름과 섞어 상처를 감싸는 붕대처럼 사용하기도 했습니다. 이끼를 날카로운 것에 벤 상처, 뜨거운 것에 덴 상처를 낫게 하는 데 이용한 것이지요. 이렇게 이끼가 자연과 인간에게 다양한 도움을 주고 있다는 점 잊지 말아요.

◆ **홍수:** 비가 많이 와서 강이나 개천에 갑자기 크게 불은 물
◆ **가뭄:** 오랫동안 계속하여 비가 내리지 않아 메마른 날씨
◆ **저장할:** 물질이나 물건을 모아서 보관할

01 이 글의 중심 낱말로 알맞은 것을 찾아 ○ 표시를 하세요.

가 뭄   식 물   이 끼   홍 수

02 이끼에 대한 설명으로 알맞은 내용에 모두 ✓ 표시를 하세요(2개).

- 자기 몸에 물을 저장할 수 있다.
- 어둡고 습한 곳에서 자라지 않는다.
- 맨땅이 드러난 곳에 가장 먼저 자란다.
- 중국에서는 이끼를 아기 기저귀로 사용하였다.

03 이끼의 역할을 다음과 같이 정리했어요. 빈칸에 들어갈 알맞은 말을 쓰세요.

이끼의 역할

다른 **1** ☐☐ 이 잘 자랄 수 있도록 도움을 준다.

홍수나 **2** ☐☐ 의 피해를 막는 데 도움을 준다.

3 ☐☐ 를 치료하는 데 도움을 준다.

04 다음은 이 글의 중심 내용이에요. 빈칸에 알맞은 낱말을 넣어 문장을 완성해 보세요.

> 이끼는 축축한 땅 위나 바위, 나무 등에 달라붙어 자라는 ㅅㅁ 로, ㅈㅇ
> 과 인간에게 다양한 ㄷㅇ 을 준다.

어휘를 익혀요

01 따라 쓰며 낱말의 뜻을 찾아 바르게 연결해 보세요.

① 　·

② 　·

③ 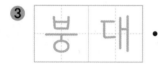　·

④ 치 료　·

⑤ 홍 수　·

· ㄱ 어두운 부분

· ㄴ 병이나 상처 따위를 잘 다스려 낫게 함

· ㄷ 상처나 부스럼 따위에 감는 소독한 헝겊

· ㄹ 오랫동안 계속하여 비가 내리지 않아 메마른 날씨

· ㅁ 비가 많이 와서 강이나 개천에 갑자기 크게 불은 물

02 빈칸에 들어갈 알맞은 낱말을 보기에서 찾아 쓰세요.

보기

| 맨땅 | 이끼 | 피해 | 홍수 | 환경 |

① 이번 여름에 ⬚⬚ 가 나서 벼농사를 망쳤다.

② 태풍으로 인해 교실 유리창이 깨지는 ⬚⬚ 를 입었다.

③ '⬚⬚ 에 헤딩'은 도움 없이 혼자 어렵게 일을 할 때 쓰는 말이다.

03

다음 뜻에 해당하는 낱말을 빈칸에 써서 끝말잇기를 해 보세요. 잘 모르겠다면 초성 힌트를 참고해 보세요.

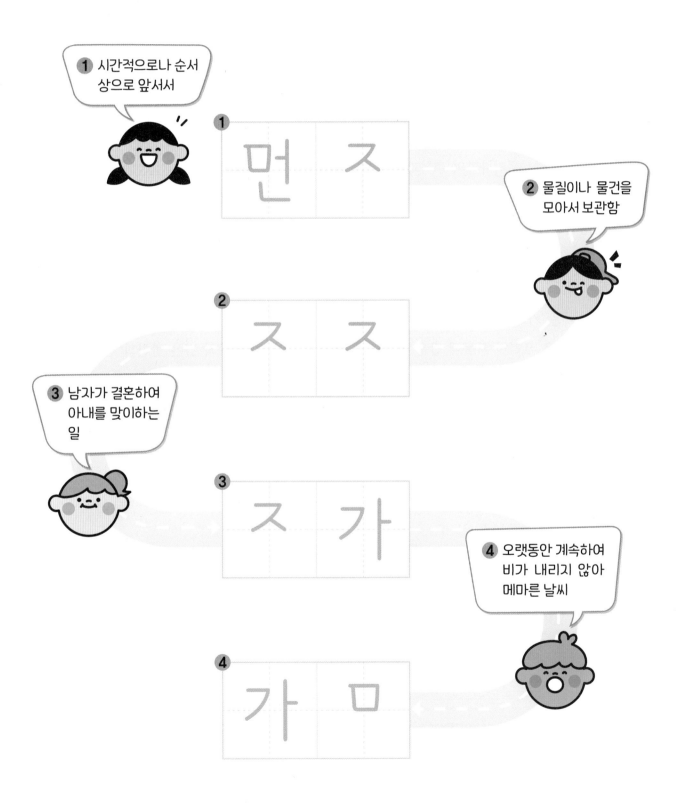

1 시간적으로나 순서 상으로 앞서서

① 먼 ㅈ

2 물질이나 물건을 모아서 보관함

② ㅈ ㅈ

3 남자가 결혼하여 아내를 맞이하는 일

③ ㅈ 가

4 오랫동안 계속하여 비가 내리지 않아 메마른 날씨

④ 가 ㅁ

19 이 음식은 언제 먹을까

◆ 이 글은 세계 여러 나라의 무엇에 대해 설명하고 있는지를 찾아 색칠해요.
◆ 각 나라별로 먹는 명절 음식을 찾아 밑줄을 그어요.

1 우리나라의 설이나 추석과 같은 명절이 다른 나라에도 있답니다. 다른 나라에서도 명절날이면 가족이나 가까운 이웃끼리 모여 특별한 음식을 함께 만들어 먹기도 하지요. 그렇다면 세계 여러 나라의 명절 음식에는 무엇이 있을지 살펴볼까요?

2 미국에는 우리나라의 추석과 비슷한 명절인 '추수 감사절'이 있습니다. 가을에 농작물을 수확하고 이를 감사해하는 날로 사람들은 '홀터키'라는 음식을 먹어요. 홀터키는 칠면조를 통으로 구워서 크랜베리 소스와 함께 먹는 요리예요. 칠면조는 닭의 7배 정도로 크기 때문에 가족이 함께 나누어 먹기 좋답니다.

3 태국의 설날은 4월입니다. 이날을 '송끄란'이라고 부르고 축제를 벌여요. 송끄란 때 먹는 음식은 '카오채'예요. '카오'는 '밥', '채'는 '담근다'라는 뜻입니다. 이름 그대로 카오채는 재스민꽃을 우려낸 찬물에 밥을 말아서 새우 경단, 무장아찌 등과 같은 반찬과 함께 먹는 음식입니다. 태국의 더운 날씨에 잘 어울리는 음식이지요?

4 멕시코에는 '죽은 자들의 날'이라는 명절이 있습니다. 멕시코 사람들은 이날 죽은 사람의 영혼이 가족과 친구를 만나러 땅에 내려온다고 믿어요. 이날에는 '칼라베라'라는 해골 모양의 설탕 인형을 만들어서 제사상에 올리거나 친구에게 선물하지요. 멕시코 사람들은 이날을 즐거운 축제처럼 보낸답니다.

홀터키

카오채

칼라베라

◆ **명절:** 전통적으로 해마다 일정하게 돌아오며, 일을 쉬고 특별한 음식을 해 먹고 즐기는 날
◆ **추수:** 가을에 익은 곡식을 거두어들임
◆ **수확하고:** 익거나 다 자란 농작물을 거두어들이고

01 이 글의 중심 소재로 알맞은 것을 찾아 ○ 표시를 하세요.

명절 음식 　　　　　　 설이나 추석 　　　　　　 즐거운 축제

02 다음 사진의 음식과 그 음식을 먹는 나라, 그 음식을 먹는 날을 선으로 이으세요.

 　•　 　•　 미국 　•　 　•　 송끄란

 　•　 　•　 태국 　•　 　•　 추수 감사절

 　•　 　•　 멕시코 　•　 　•　 죽은 자들의 날

03 이 글의 내용으로 알맞지 <u>않은</u> 것은 무엇인가요?　　[　　　]

① 태국에서는 설날이 있는 4월에 '카오채'를 먹는다.
② 멕시코에서는 '죽은 자들의 날'이 되면 슬픔에 빠진다.
③ '추수 감사절'은 가을에 농작물을 거두고 이를 감사해하는 날이다.

04 다음은 이 글의 중심 내용이에요. 빈칸에 알맞은 낱말을 넣어 문장을 완성해 보세요.

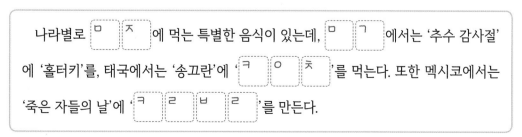

나라별로 ㅁㅈ 에 먹는 특별한 음식이 있는데, ㅁㄱ 에서는 '추수 감사절'에 '홀터키'를, 태국에서는 '송끄란'에 'ㅋㅇㅊ'를 먹는다. 또한 멕시코에서는 '죽은 자들의 날'에 'ㅋㄹㅂㄹ'를 만든다.

어휘를 익혀요

01 따라 쓰며 낱말의 뜻을 찾아 바르게 연결해 보세요.

① 감 사 •

• ㄱ 고맙게 여김. 또는 그런 마음

② 명 절 •

• ㄴ 축하하여 벌이는 큰 규모의 행사

③ 수 확 •

• ㄷ 여러 조리 과정을 거쳐 음식을 만듦. 또는 그 음식

④ 요 리 •

• ㄹ 익거나 다 자란 농작물을 거두어들임. 또는 거두어들인 농작물

⑤ 축 제 •

• ㅁ 전통적으로 해마다 일정하게 돌아오며, 일을 쉬고 특별한 음식을 해 먹고 즐기는 날

02 보기에서 알맞은 낱말을 골라 다음 문장을 바르게 완성하세요.

보기

가족   명절   요리   수확(하다)

① 아빠가 해 주신 [ ][ ] 중 볶음밥이 제일 맛있다.

② 나는 엄마, 아빠와 함께 [ ][ ]을 맞아 할머니 댁에 갔다.

③ 텃밭에서 직접 기른 채소를 [ ][ ]하여 시장에 내다 팔았다.

03 다음 뜻에 해당하는 낱말을 찾아 가로, 세로, 대각선으로 표시해 보세요.

영	리	농	동	물
감	혼	작	추	수
혹	자	물	석	간
부	모	자	식	호
리	본	명	절	사

❶ 죽은 사람의 넋

❷ 가을에 익은 곡식을 거두어들임

❸ 우리나라 명절의 하나. 음력 팔월 보름날임

❹ 전통적으로 해마다 일정하게 돌아오며, 일을 쉬고 특별한 음식을 해 먹고 즐기는 날

20

미다스 왕의 손

◆ 이 글에서 깨달음을 얻은 주인공의 이름을 찾아 색칠해요.
◆ 미다스 왕이 소원을 이룬 후에 기분이 어떻게 변하는지를 찾아 밑줄을 그어요.

❶ 미다스 왕은 그리스 신화에 나오는 왕입니다. 그는 엄청난 부자인데도 만족을 못하고 여전히 더 큰 부자가 되고 싶어 했어요. 어느 날, 미다스 왕이 술의 신인 디오니소스의 스승, 실레노스를 잘 대접해 주었어요. 이를 고맙게 생각한 디오니소스가 미다스 왕에게 무엇이든 소원을 하나 들어주겠다고 했어요. 미다스 왕은 자신의 손에 닿는 모든 것이 황금으로 바뀌게 해 달라고 말했죠. 디오니소스는 소원을 들어줬고, 정말로 미다스 왕이 만지는 것은 다 바로 황금으로 바뀌었어요. 미다스 왕은 뛸 듯이 기뻐했어요. 하지만 그 기쁨은 오래가지 않았어요. 손에 닿는 모든 것이 황금으로 바뀌는 게 좋은 것만은 아니었거든요.

❷ 빵도 고기도 물도 미다스 왕의 손에 닿는 순간 다 황금이 되어 버렸어요. 먹을 수도 마실 수도 없게 된 미다스 왕은 깊은 고민에 빠졌어요. 그러자 미다스 왕의 사랑스러운 딸이 아버지에게 소원을 도로 무르라고 간절히 부탁했어요. 미다스 왕이 공주의 손을 잡는 순간, 공주도 황금이 되어 버렸어요. 황금으로 변한 딸을 보며, 미다스 왕은 자신이 얼마나 어리석은 소원을 말했는지 깨닫고선 후회를 했어요.

❸ 결국 미다스 왕은 디오니소스를 찾아가 황금으로 변하게 하는 힘을 없애 달라고 빌었어요. 이에 디오니소스는 파크톨로스 강에 가서 강물로 몸을 씻으라고 알려 줬지요. 강물에 몸을 씻은 미다스 왕은 다시 예전으로 돌아갈 수 있었어요. 그 후로 미다스 왕은 욕심을 버리고 황금은 거들떠보지도 않았대요.

◆ **만족**: 모자람이 없이 넉넉하여 마음에 흐뭇하고 좋은 느낌
◆ **대접해**: 예를 갖추어 잘 대해. 음식을 차려 잘 모셔
◆ **후회**: 이전의 잘못을 깨치고 뉘우침

01 이 글은 누구에 대한 이야기인지 해당하는 인물을 찾아 ○ 표시를 하세요.

공주	실레노스	미다스 왕	디오니소스

02 이야기의 흐름에 따라 미다스 왕의 기분이 어떠했을지 선으로 이으세요.

손에 닿는 모든 것을 황금으로 바뀌게 해 달라는 소원이 이루어졌어요. •

• 슬픔, 후회

빵도 고기도 물도, 심지어 미다스 왕의 딸인 공주까지도 황금으로 변했어요. •

• 기쁨, 만족감

03 다음 중 미다스 왕에게 해 줄 말로 알맞은 것에 ○ 표시를 하세요.

자신이 말한 소원을 마음대로 바꾸는 것은 잘못이에요. 다른 사람과 한 약속은 꼭 지켜야 해요.

( )

엄청난 부자인데도 만족하지 못하고 욕심을 부린 것은 잘못이에요. 앞으로는 욕심을 부리지 마세요.

( )

평소에도 공주에게 관심을 보이고 따뜻한 대화를 나누었다면, 공주가 황금으로 변하지는 않았을 거예요.

( )

04 다음은 이 글의 중심 내용이에요. 빈칸에 알맞은 낱말을 넣어 문장을 완성해 보세요.

미다스 왕은 무엇이든 만지면 ㅎㄱ 으로 변하는 손을 갖게 해 달라는 ㅅ 이 이루어져 기뻤지만, 소중한 ㄸ 까지 황금으로 변하자 자신이 어리석었음을 깨닫고 ㅇㅅ 을 버리게 되었다.

어휘를 익혀요

01 따라 쓰며 낱말의 뜻을 찾아 바르게 연결해 보세요.

❶  •
   • ㄱ 어떤 일이 이루어지기를 바람. 또는 그런 일

❷  •
   • ㄴ 무엇을 지나치게 탐내거나 누리고자 하는 마음

❸ 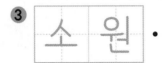 •
   • ㄷ 모자람이 없이 넉넉하여 마음에 흐뭇하고 좋은 느낌

❹  •
   • ㄹ 어떤 일을 해 달라고 청하거나 맡김. 또는 그 일거리

❺ 황 금 •
   • ㅁ 누런빛의 금이라는 뜻으로, 금을 다른 금속과 구별하여 이르는 말

02 보기 에서 알맞은 낱말을 골라 다음 문장을 바르게 완성하세요.

보기
| 만족 | 신화 | 후회 | 대접(하다) |

❶ 그는 남을 돕는 일에서 ☐☐ 을 얻는다.

❷ 부모님께 혼날까 봐 거짓말을 하고선 곧 ☐☐ 를 했다.

❸ 부모님께서는 집에 온 손님을 잘 ☐☐ 하는 게 예의라고 말씀하셨다.

03 다음 어휘 카드에 적힌 뜻을 읽고, 그 뜻에 알맞은 낱말을 골라 ✓표시를 하세요.

❶ 이전의 잘못을 깨치고 뉘우침

☐ 만족 ☐ 후회

❷ 자기를 가르쳐 이끌어 주는 사람

☐ 스승 ☐ 제자

❸ 마음속으로 괴로워하고 애를 태움

☐ 고민 ☐ 고집

❹ 무엇을 지나치게 탐내거나 누리고자 하는 마음

☐ 근심 ☐ 욕심

❺ 마음속에서 우러나와 바라는 정도가 매우 절실하게

☐ 간절히 ☐ 친절히

07 거기가 아니야

❝
민우가 가려운 곳이
어디인지 그림을 보고
따라가면서 읽어요.
❞

민준이가 형 민우의 등을 긁어 주고 있는데, 민우는 불만이 좀 있나 봐요. 민준이와 민우의 대화를 자세히 들여다보고 민우가 가려운 곳이 어디인지 함께 찾아볼까요?

민우 거기가 아냐. 거긴 엉덩이잖아. 난 등이 가려워. 목덜미 아래에서부터 허리 위가 등이야.

민준 그럼 어디가 가려운 건데?

민우 등골을 따라 위로 올라가 봐.

민준 등골? 등골이 뭐야?

민우 등 한가운데 푹 파인 곳이 등골이야.

민준 그럼 여기?

민우 거긴 목덜미이고. 너무 위로 올라갔어.

민준 여기 맞지?

민우 야, 거긴 어깨잖아.

민준 도대체 어디야? 자세히 좀 설명해 봐.

민우 그럼, 목에서부터 등골을 따라 내려가다가 겨드랑이
높이에서 왼쪽으로 반 뼘 정도 가 봐.
거기를 긁어 줘.

민준 아, 그럼 여기야?

민우 맞아. 바로 거기야.

민준 그렇다면 진작 그렇게 말하지. 나도 그 정도는
알고 있다고.

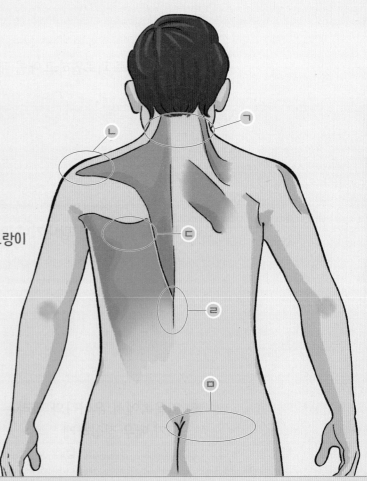

01 민우가 진짜 가려웠던 곳은 어디인가요? 왼쪽의 그림을 보고, ㄱ~ㅁ 중에서 그 기호를 쓰세요. ✎ ⬚

02 민준이가 긁은 신체 부위를 찾아 순서대로 쓰세요.

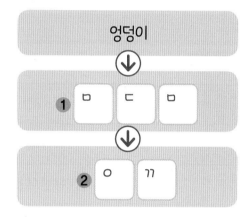

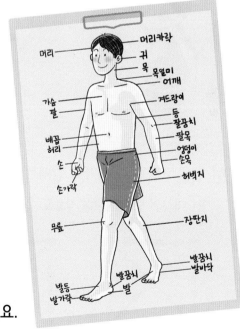

03 신체 부위의 이름을 나타낸 그림을 보고, 우리 가족이 간지럼을 타는 곳은 어디인지 쓰세요.

예 ✎ <u>오빠</u> 은/는 ✎ <u>발바닥</u> 을/를 가장 간지러워합니다.

• ✎ _____ 은/는 ✎ _____ 을/를 가장 간지러워합니다.

• ✎ _____ 은/는 ✎ _____ 을/를 가장 간지러워합니다.

08 윷놀이를 해요

> 윷놀이를 하는 방법을 확인하며 읽어요.

윷놀이는 윷을 던져 승부를 겨루는 우리나라 민속놀이예요. 윷놀이를 하는 방법을 함께 살펴볼까요?

☑ 윷을 던져 나온 모양에 따라 말을 움직여요.

윷 모양	이름	말이 움직이는 칸의 수
	도	1칸
	개	2칸
	걸	3칸
	윷	4칸(한 번 더 윷 던지기)
	모	5칸(한 번 더 윷 던지기)

☑ 말은 오른쪽 가장 아래 칸에서 시작하여 반시계 방향으로 움직여요. 꺾어지는 곳에 말이 오게 되면 대각선 방향의 지름길로도 움직일 수 있어요.

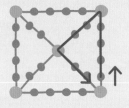  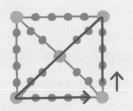 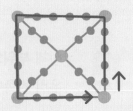

☑ 우리 편의 말이 상대편의 말이 있는 칸에 도착하면 상대편의 말을 잡고, 윷을 한 번 더 던져요. 잡힌 말은 처음부터 다시 시작해야 해요.

☑ 우리 편의 말이 같은 칸에서 만나면 말을 업고 같이 움직일 수 있어요.

☑ 네 개의 말이 모두 윷판의 시작한 칸으로 먼저 돌아 나오는 편이 이겨요.

01 윷놀이의 규칙을 바르게 이해한 친구의 말에 ✓ 표시를 하세요.

윤비	현우	준혁
☐ 말은 오른쪽 가장 아래 칸에서 시작하여 시계 방향으로 움직인다.	☐ 우리 편의 말이 상대 편의 말을 잡으면 윷을 두 번 더 던질 수 있다.	☐ 우리 편의 말을 같은 칸에서 만나면 말을 업고 같이 움직일 수 있다.

02 말을 가장 많이 움직일 수 있는 윷의 모양은 무엇인가요? ✏️ ☐

① ② ③

03 오른쪽 그림에서 빨간 말이 우리 편의 말이에요. 여러분이 윷을 던져서 '윷'이 한 번 나오고, 한 번 더 던져서 '개'가 나왔을 때, 이 말이 갈 수 있는 곳에 모두 ○ 표시를 하세요(2개).

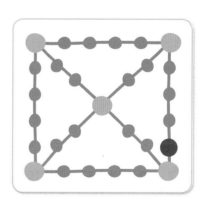

01 ✓ 준혁 02 ③ 03 도움말 '윷'과 '개'가 나오면 말이 몇 칸 움직일 수 있는지 살펴보세요. 꺾어지는 칸에 말이 오면, 말이 갈 방향을 고를 수 있어요.

103

실력 확인

△ 글의 문단별 내용을 정리하고 주제를 써 보아요.

01 우리 가족을 소개합니다

본문 8쪽

1 문단 가족 소개를 위한 ⬜⬜⬜⬜ 안내

2 문단 사진 왼편의 ⬜⬜ 쪽 가족 소개

3 문단 사진 오른편의 ⬜⬜ 쪽 가족 소개

✓ **주제** '나'의 ⬜⬜ 소개

02 친구들을 소개합니다

본문 12쪽

1 문단 첫인사 및 소개할 내용 안내

2 문단 친구 소개 ①: ⬜⬜

3 문단 친구 소개 ②: ⬜⬜

4 문단 친구 소개 ③: ⬜⬜

5 문단 친구 소개 ④: ⬜⬜

6 문단 끝인사

✓ **주제** ⬜⬜들의 장점 소개

03 무궁화꽃이 피었습니다

본문 16쪽

1 문단 '무궁화꽃이 피었습니다' 놀이를 하다 규칙을 어기고 ⬜⬜⬜을 하는 윤서를 봐줌

2 문단 다시 놀이를 하며 도망치는 윤서를 잡고 나서 ⬜⬜함을 느낌

✓ **주제** 친구들과 '⬜⬜⬜⬜이 피었습니다' 놀이를 하며 있었던 일에 대해 쓴 일기

4 바다에 말이 산다고?

본문 20쪽

1문단 '☐☐'라는 이름의 뜻과 해마의 이동 방법

2문단 해마가 태어나는 과정

주제 해마의 특징과 ☐☐가 태어나는 과정

5 겨울에 만나요

본문 24쪽

1문단 겨울을 보내기 위해 ☐☐☐☐에서 한국으로 가려는 흑두루미

2문단 먼 거리를 날아 한국의 ☐☐만에 도착한 흑두루미

3문단 한국에서 겨울을 보내고 시베리아로 돌아가려는 흑두루미

주제 ☐☐☐☐가 겨울에 한국을 찾아오는 이유

6 무쇠 방망이를 가는 할아버지

본문 32쪽

1문단 자신의 ☐을 이루기 위해 깊은 산속으로 들어간 젊은이

2문단 공부하는 게 싫증이 나서 산에서 내려오고 만 젊은이

3문단 ☐☐☐☐☐를 갈아 바늘을 만드는 할아버지를 만난 젊은이

4문단 할아버지의 모습에서 깨달음을 얻고 다시 ☐으로 올라간 젊은이

주제 꾸준한 ☐☐의 중요성을 깨달은 젊은이

실력 확인

7 호그와트 마법 학교

- **1문단** 『해리 포터와 마법사의 돌』을 읽으며 인상 깊었던 내용
- **2문단** 호그와트 마법 학교에 있는 네 개의 [ ][ ][ ]가 중요하게 생각하는 정신
- **3문단** 『해리 포터와 마법사의 돌』을 읽고 느낀 점

- **주제** 『해리 포터와 마법사의 돌』이라는 책을 읽고 느낀 점을 쓴 독후 [ ][ ][ ]

8 진달래와 철쭉, 뭐가 달라?

본문 40쪽

- **1문단** 다양한 봄꽃 중 진달래와 철쭉에 대한 소개
- **2문단** 진달래와 철쭉의 차이점 ①: [ ][ ][ ]
- **3문단** [ ][ ][ ]와 철쭉의 차이점 ②, ③: 꽃이 피는 시기, 꽃과 잎이 나오는 순서

- **주제** 봄꽃인 진달래와 [ ][ ]의 차이점

9 태극기가 궁금해

본문 44쪽

- **1문단** [ ][ ][ ]의 뜻과 태극기라는 이름이 붙은 까닭
- **2문단** 태극기의 흰색 바탕과 [ ][ ]의 의미
- **3문단** 태극기를 거는 날

- **주제** [ ][ ][ ]의 모양에 담긴 의미와 태극기를 거는 날

본문
바로가기

10 우리의 옷, 한복

본문 48쪽

①문단 ☐☐의 뜻과 종류

②문단 한복을 바르게 입는 방법

주제 한복의 종류와 ☐☐을 바르게 입는 방법

11 내 친구 아기 고양이

본문 56쪽

①문단 친구들과 놀이터에서 ☐☐☐☐ 놀이를 하다가 아기 고양이를 발견한 준하

②문단 아기 고양이와 즐거운 시간을 보낸 아이들

③문단 다시 만난 아기 고양이와 ☐☐가 된 아이들

주제 아기 ☐☐☐와의 우정

12 짜디짠 눈물

본문 60쪽

①문단 ☐☐에 들어 있는 물질과 눈물에서 짠맛이 나는 이유

②문단 눈물을 흘리는 여러 가지 이유

주제 눈물에서 ☐☐이 나는 이유와 눈물을 흘리는 이유

실력 확인

13 이 옷이 딱이야

본문 64쪽

1 문단 ☐☐☐☐ 학습 안내

2 문단 다양한 ☐☐ 에 따른 옷차림 안내

3 문단 날씨에 알맞은 옷차림을 갖출 것에 대한 당부

✎ **주제** 날씨에 알맞은 ☐☐☐

14 공휴일은 노는 날?

본문 68쪽

1 문단 공휴일의 뜻 및 공휴일과 ☐☐☐ 의 차이

2 문단 공휴일로 정했다가 바뀐 날의 예

✎ **주제** 나라에서 다 함께 쉬기로 정한 ☐☐☐

15 만지면 잎이 움직인다고?

본문 72쪽

1 문단 ☐☐☐ 에 가서 직접 관찰한 미모사의 모습

2 문단 ☐☐☐☐ 을 통해 알게 된 미모사의 특징

✎ **주제** 만지면 ☐ 이 움직이는 ☐☐☐ 의 특징

본문
바로가기

16 나이는 한 그릇

본문 80쪽

1문단 매년 ☐☐마다 먹는 떡국의 유래

2문단 ☐☐을 만드는 방법과 떡국에 담긴 의미

3문단 ☐☐마다 다른 떡국의 종류

주제 매년 설날마다 먹는 ☐☐에 담긴 의미와 떡국의 종류

17 뿌리를 줄까, 잎을 줄까

본문 84쪽

1문단 게으른 토끼에게 농사지을 ☐을 빌린 부지런한 토끼

2문단 지혜를 발휘해 당근도 얻고 게으른 토끼와 함께 ☐☐도 짓게 된 부지런한 토끼

주제 지혜를 발휘해 ☐☐을 갖게 된 부지런한 토끼

18 이끼는 무슨 일을 할까

본문 88쪽

1문단 이끼에 대한 소개

2문단 여러 가지 역할을 하며 자연과 ☐☐에게 도움을 주는 이끼

주제 자연과 인간에게 도움을 주는 ☐☐의 역할

실력 확인

 본문 바로가기

19 이 음식은 언제 먹을까

본문 92쪽

1문단 세계 여러 나라의 명절 음식에 대한 궁금증

2문단 ☐☐의 명절 '추수 감사절'에 먹는 음식

3문단 태국의 명절 '☐☐☐'에 먹는 음식

4문단 ☐☐☐의 명절 '죽은 자들의 날'에 만드는 음식

✏️**주제** 세계 여러 나라의 ☐☐☐☐

20 미다스 왕의 손

본문 96쪽

1문단 자신의 손에 닿는 모든 것이 ☐☐으로 변하게 해 달라고 소원을 빈 미다스 왕

2문단 자신이 빌었던 소원이 어리석었다는 것을 깨닫게 된 미다스 왕

3문단 욕심을 버리고 ☐☐을 물린 미다스 왕

✏️**주제** 지나친 ☐☐을 부린 것을 후회하게 된 미다스 왕의 이야기

memo

memo

완자

공부력

정답과 해설

독해

×

초등 국어

1B

1-2학년

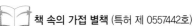

책 속의 가접 별책 (특허 제 0557442호)

'정답과 해설'은 진도책에서 쉽게 분리할 수 있도록 제작되었으므로
유통 과정에서 분리될 수 있으나 파본이 아닌 정상 제품입니다.

ABOVE IMAGINATION

우리는 남다른 상상과 혁신으로
교육 문화의 새로운 전형을 만들어
모든 이의 행복한 경험과 성장에 기여한다

완자 공부력

초등 국어
독해 1B

· · · ·

정답과 해설

완자 공부력 가이드

완자 공부력 시리즈는
앞으로도 계속 출간될 예정입니다.

국어
맞춤법
바로 쓰기
1~2학년용
4책

쓰기력

전과목
어휘
1~6학년용
12책

전과목
한자
어휘
1~6학년용
12책

영어
파닉스
1~2학년용
2책

영어
영단어
3~6학년용
8책

어휘력

국어
독해
1~6학년용
12책

한국사
독해
인물편
3~6학년용
4책

한국사
독해
시대편
3~6학년용
4책

독해력

수학
계산
1~6학년용
12책

계산력

완자 공부력 시리즈로 공부 근육을 키워요!

매일 성장하는
초등 자기개발서
완자
공부력

학습의 기초가 되는 읽기, 쓰기, 셈하기와 관련된
공부력을 키워야 여러 교과를 터득하기 쉬워집니다.
또한 어휘력과 독해력, 쓰기력, 계산력을 바탕으로 한
'공부력'은 자기주도 학습으로 상당한 단계까지 올라갈 수
있는 밑바탕이 되어 줍니다. 그래서 매일 꾸준한 학습이
가능한 '**완자 공부력 시리즈**'로 공부하면 자기주도 학습이
가능한 튼튼한 공부 근육을 키울 수 있을 것이라 확신합니다.

효과적인 공부력 강화 계획을 세워요!

◎ 학년별 공부 계획

내 학년에 맞게 꾸준하게 공부 계획을 세워요!

		1-2학년	3-4학년	5-6학년
기본	독해	국어 독해 1A 1B 2A 2B	국어 독해 3A 3B 4A 4B	국어 독해 5A 5B 6A 6B
	계산	수학 계산 1A 1B 2A 2B	수학 계산 3A 3B 4A 4B	수학 계산 5A 5B 6A 6B
	어휘	전과목 어휘 1A 1B 2A 2B	전과목 어휘 3A 3B 4A 4B	전과목 어휘 5A 5B 6A 6B
		파닉스 1 2	영단어 3A 3B 4A 4B	영단어 5A 5B 6A 6B
확장	어휘	전과목 한자 어휘 1A 1B 2A 2B	전과목 한자 어휘 3A 3B 4A 4B	전과목 한자 어휘 5A 5B 6A 6B
	쓰기	맞춤법 바로 쓰기 1A 1B 2A 2B		
	독해		한국사 독해 인물편 1 2 3 4	
			한국사 독해 시대편 1 2 3 4	

◎ 시기별 공부 계획

학기 중에는 **기본**, 방학 중에는 **기본 + 확장**으로 공부 계획을 세워요!

방학 중			
학기 중			확장
기본			
독해	계산	어휘	어휘, 쓰기, 독해
국어 독해	수학 계산	전과목 어휘	전과목 한자 어휘
		파닉스(1~2학년) 영단어(3~6학년)	맞춤법 바로 쓰기(1~2학년) 한국사 독해(3~6학년)

예시 초1 학기 중 공부 계획표 주 5일 하루 3과목 (45분)

월	화	수	목	금
국어 독해	국어 독해	국어 독해	국어 독해	국어 독해
수학 계산	수학 계산	수학 계산	수학 계산	수학 계산
전과목 어휘	파닉스	전과목 어휘	전과목 어휘	파닉스

예시 초4 방학 중 공부 계획표 주 5일 하루 4과목 (60분)

월	화	수	목	금
국어 독해	국어 독해	국어 독해	국어 독해	국어 독해
수학 계산	수학 계산	수학 계산	수학 계산	수학 계산
전과목 어휘	영단어	전과목 어휘	전과목 어휘	영단어
한국사 독해 인물편	전과목 한자 어휘	한국사 독해 인물편	전과목 한자 어휘	한국사 독해 인물편

우리 가족을 소개합니다

코칭 Tip 이 글은 '나'가 가족사진 속에 있는 자신의 가족을 소개하는 글입니다. '나'와 사진 속 인물들의 관계를 파악하며 글을 읽을 수 있도록 합니다.

◆ '나'가 사진을 통해 무엇을 소개하고 있는지 해당하는 낱말을 찾아 색칠해요.

◆ '나'와 가족사진 속 인물들의 관계가 나타난 부분을 찾아 각각 밑줄을 그어요.

1 저는 제 <u>가족</u>을 소개하기 위해 사진을 한 장 가져왔습니다. 모두 이 사진을 봐 주세요. 이 사진은
　　　　　중심 소재
저의 첫 생일 때 찍은 가족사진입니다. 맨 아래
<u>　　　　　　가족사진을 통해 '나'의 가족을 소개함</u>
가운데에 있는 작은 아이가 바로 저예요.

저를 안고 계신 분이 저를 낳아 주신 아
　　　　　　　　　　가족사진 속 인물 ①: '나'의 아빠, 엄마
빠와 엄마고요. 사진의 왼편에는 아빠

쪽 가족이, 오른편에는 엄마 쪽 가족이

있어요.　　　　　▶ 가족 소개를 위한 가족사진 안내

2 먼저 사진의 왼편을 봐 주세요. 아
　　　　　　　　아빠 쪽 가족
빠 옆에는 <u>아빠의 어머니이신 할머니,</u>

<u>뒤에는 아빠의 누나인 고모, 고모의 남편인</u>
　　　　　　가족사진 속 인물 ②: '나'의 할머니, 고모, 고모부
<u>고모부가 계세요.</u> 고모께서는 <u>할머니를 모시고</u>
　　　　　　　　　　　　할머니는 고모와 함께 시골에 사심
<u>시골에 사신답니다.</u> 고모와 고모부께서는 직접 농사를 지으신 쌀을 해마다 우리 집에 보내 주세요.

고모와 고모부 사이에서 장난스러운 표정을 짓고 있는 아이는 고모의 아들로, 저에게는 고종사촌이
　　　　　　　　　　　　　　　　　　　　　　　　　　　　　　가족사진 속 인물 ③: '나'의 고종사촌
되지요.　　　　　　　　　　　　　　　　　　　　　　▶ 사진 왼편의 아빠 쪽 가족 소개

3 이번에는 사진의 오른편을 봐 주세요. <u>엄마 옆에 나란히 앉아 계신 분은 엄마의 부모님이신 외할</u>
　　　　　　　　　엄마 쪽 가족　　　　　　　　　　　　　　가족사진 속 인물 ④: '나'의 외할머니, 외할아버지
<u>머니, 외할아버지세요.</u> 두 분께서는 우리 집과 가까운 곳에 사셔서 저를 자주 돌봐 주세요. 그 뒤에

서 계신 분은 <u>엄마의 여동생인 이모랍니다.</u> 이모는 운동을 워낙 좋아하셔서 종종 저랑 같이 줄넘기도
　　　　　　　가족사진 속 인물 ⑤: '나'의 이모
하고 수영도 한답니다.　　　　　　　　　　　　　　　　　▶ 사진 오른편의 엄마 쪽 가족 소개

고종사촌

고모부

고모

이모

외할아버지

할머니

외할머니

아빠

나

엄마

6

글을 이해해요

✓ 자기 평가

01 (중심 낱말 찾기)

| 가 족 | 생 일 | 아 빠 | 엄 마 |

○ ✕

02 (내용 이해)

❶ 고모 ❷ 고종사촌 ❸ 외할머니 ❹ 이모

○ ✕

03 (내용 이해)

☐ 엄마는 이모보다 어리다.
✓ 이모는 운동하는 것을 좋아하신다.
☐ 시골에 사시는 할머니께서 나를 돌봐 주러 오신다.
✓ 고모와 고모부께서 농사지으신 쌀을 우리 집에 보내 주신다.

○ ✕

04 (중심 내용 쓰기)

나는 | 가 족 사 진 |을 통해 | 아 빠 | 쪽 가족인 할머니, 고모와 고모부, 고종사촌을 소개하고, 엄마 쪽 가족인 외할머니, 외할아버지, | 이 모 |를 소개하였다.

○ ✕

02 2문단을 통해 고모는 아빠의 누나이고, 고종사촌은 고모와 고모부 사이에 태어난 아들임을 알 수 있어요. 그리고 3문단을 통해 외할머니는 엄마의 어머니이고, 이모는 엄마의 여동생이라는 것을 알 수 있어요.

03 3문단에서 이모는 운동하는 것을 워낙 좋아하셔서 '나'와 함께 줄넘기나 수영을 한다고 했어요. 또한 2문단에서 고모와 고모부께서 직접 농사를 지으신 쌀을 우리 집에 보내 주신다고 했어요. 한편 이모는 엄마의 여동생이므로 엄마보다 어려요. 그리고 시골에 사시는 할머니가 아니라 우리 집과 가까운 곳에 사시는 외할머니, 외할아버지께서 '나'를 자주 돌봐 주신다고 했어요.

04 이 글에서 '나'는 가족사진 속에 있는 인물들과 '나'의 관계를 설명하면서 '나'의 가족을 소개하고 있어요.

어휘를 익혀요

01 ❶ ㄹ ❷ ㄷ ❸ ㄴ ❹ ㅁ ❺ ㄱ

02 ❶ 맨 ❷ 나란히 ❸ 농사

03

외	할	아	버	지
달	고	종	사	촌
이	모	집	행	부
불	부	주	소	침
장	난	인	화	개

❶ 고모의 아들이나 딸을 이르는 말
| 고 | 종 | 사 | 촌 |

❷ 고모의 남편을 이르거나 부르는 말
| 고 | 모 | 부 |

❸ 어머니의 여자 형제를 이르거나 부르는 말
| 이 | 모 |

❹ 잘 알려지지 아니하였거나, 모르는 사실이나 내용을 잘 알도록 하여 주는 설명
| 소 | 개 |

02 친구들을 소개합니다

본문 12쪽

코칭Tip 이 글은 한지유라는 학생이 자신의 친구들을 소개하는 글입니다. 한지유의 친구들이 어떤 장점을 가지고 있는지를 파악하며 글을 읽을 수 있도록 합니다.

◆ 한지유가 소개하고 있는 대상에 해당하는 낱말을 찾아 색칠해요.
◆ 한지유의 친구들이 무엇을 잘하는지 각자의 장점을 찾아 밑줄을 그어요.

❶ 안녕하세요. 오늘 친구 소개를 할 한지유입니다. 제 친구 중에서 상현이, 연지, 준서, 시은이가
중심 소재   친구들의 장점을 위주로 소개할 것을 안내함
무엇을 잘하는지 친구들의 장점을 소개해 볼까 합니다.   ▶ 첫인사 및 소개할 내용 안내

❷ 상현이는 여섯 살 때부터 태권도를 배워서 태권도를 잘합니다. 특히 발
                                        상현이의 장점
차기 실력이 뛰어나서 이제 막 태권도를 배우기 시작한 친구들에게 발차기
상현이가 태권도 중에서도 특히 잘하는 것
시범을 보여 주기도 한답니다.   ▶ 친구 소개 ①: 상현

❸ 유치원 때부터 친구였던 연지는 그림을 잘 그립니다. 친구들을 주인
                                        연지의 장점
공으로 한 만화를 그린 적도 있어요. 친구들이 연지가 그린 만화를 보고
연지가 그린 그림의 예
재미있다고 말해 줄 때, 연지의 얼굴에 함박웃음이 차오릅니다.
                                        ▶ 친구 소개 ②: 연지

❹ 준서는 방과 후 활동 로봇 만들기 반에
서 만난 친구예요. 준서는 로봇 만들기를 잘해요. 그래서 혼자 설명서를
                        준서의 장점
보면서 로봇을 조립할 수도 있어요. 준서는 조립을 마치고 건전지를 넣
었을 때 로봇이 움직이는 걸 보면 뿌듯함을 느낀다고 해요. ▶ 친구 소개 ③: 준서
준서가 로봇을 만들며 뿌듯함을 느낄 때

❺ 제 초등학교 첫 짝꿍인 시은이는 다른 사람의 이야기를 잘 들어 줍니다.
                                        시은이의 장점
고민이 있는 친구들은 시은이를 찾아가 마음속 이야기를 털어놓고는 해요.
시은이에게 고민을 털어놓은 친구들은, 시은이가 같이 고민해 주고 자신의
                                        시은이에게 고민을 털어놓은 친구들의 말
마음을 이해해 주는 것만으로도 큰 힘이 된다고 합니다.
                                        ▶ 친구 소개 ④: 시은

❻ 그럼 이만 제 친구 소개를 마치겠습니다. 들어 주셔서 감사합니다.
                                        ▶ 끝인사

글을 이해해요

본문 13쪽

☑ 자기 평가

01 (중심 낱말 찾기)

| 그 림 | 로 봇 | 친 구 | 태 권 도 |

(친 구 에 동그라미)

02 (내용 이해)

- ❶ 상현 ── ㉢ 태권도 발차기
- ❷ 연지 ── ㉠ 그림 그리기
- ❸ 준서 ── ㉡ 로봇 만들기
- ❹ 시은 ── ㉣ 이야기 들어 주기

03 (내용 이해)

③

04 (중심 내용 쓰기)

한지유는 자신의 친 구 인 상현이, 연지, 준서, 시은이가 무엇을 잘하는지 각자의 장 점 을 소 개 하였다.

02 2~5문단에서 한지유는 자신의 친구들이 무엇을 잘하는지 각자의 장점을 소개하고 있어요. 상현이는 태권도 중 특히 발차기를, 연지는 그림 그리기를, 준서는 로봇 만들기를, 시은이는 친구들의 이야기 들어 주기를 잘한다고 했어요.

03 2문단에서 상현이가 여섯 살 때부터 태권도를 배웠다고 했을 뿐, 방과 후 활동 반에서 태권도를 배운다고 하지는 않았어요. 방과 후 활동 반에서 로봇을 만드는 것은 준서예요.

(오답 풀이)

① 5문단에서 시은이가 자신의 초등학교 첫 짝꿍이라고 했어요.

② 3문단에서 연지는 친구들을 주인공으로 한 만화를 그린 적도 있다고 했어요.

04 이 글은 한지유가 자신의 친구들이 어떤 장점을 가지고 있는지를 소개하고 있어요.

어휘를 익혀요

본문 14~15쪽

01 ❶ ㄴ ❷ ㅁ ❸ ㄱ ❹ ㄷ ❺ ㄹ

02 ❶ 함박웃음 ❷ 고민 ❸ 시범

03

- ❶ 크고 환하게 웃는 웃음 — 비웃음 / ☑ 함박웃음
- ❷ 좋거나 잘하거나 긍정적인 점 — 단점 / ☑ 장점
- ❸ 기쁨이나 감격이 마음에 가득 차서 벅차다. — 반듯하다 / ☑ 뿌듯하다
- ❹ 남들보다 두드러지게 훌륭하거나 앞서 있다. — ☑ 뛰어나다 / 일어나다
- ❺ 어떤 일에서 중심이 되거나 이끄는 역할을 하는 사람 — 짝꿍 / ☑ 주인공

03 무궁화꽃이 피었습니다

본문 16쪽

> **코칭 Tip** 이 글은 민후가 친구들과 '무궁화꽃이 피었습니다' 놀이를 하며 있었던 일에 대해 쓴 일기입니다. 놀이를 하면서 민후가 떠올린 생각이나 느낌을 파악하며 글을 읽을 수 있도록 합니다.

◆ 민후가 친구들과 한 놀이의 이름을 찾아 색칠해요.
◆ 민후가 윤서를 얄밉다고 한 이유가 드러난 부분에 밑줄을 그어요.

민후의 일기

① 오늘 친구들과 함께 '무궁화꽃이 피었습니다' 놀이를 했다. 처음에는 내가 가위바위보에 져서 술래가 되었다. 친구들을 등진 채 두 눈을 가리고 "무궁화꽃이 피었습니다."라고 큰 소리로 외친 후, 얼른 뒤를 돌아봤다. 『내가 뒤돌아본 순간 분명 윤서의 왼팔이 흔들리는 걸 봤다. 그래서 "윤서야, 너 움직였어. 옆으로 와서 내 손 잡고 서 있어."라고 했다.』 그런데 윤서가 자기는 절대로 움직이지 않았다고 우겼다. 내가 진짜 봤는데……. 나는 규칙을 어기고 거짓말을 하는 윤서가 얄미웠다. 하지만 이번만 봐주기로 했다.

중심 소재
'무궁화꽃이 피었습니다' 놀이의 규칙 ① – 술래는 친구들을 등지고 구호를 외친 후 뒤를 돌아봄
『 』: '무궁화꽃이 피었습니다' 놀이의 규칙 ② – 술래가 뒤돌아봤을 때 움직인 친구는 술래의 손을 잡아야 함
민후가 윤서를 얄밉다고 한 이유
▶ '무궁화꽃이 피었습니다' 놀이를 하다 규칙을 어기고 거짓말을 하는 윤서를 봐줌

② 다시 놀이를 하며 시율이, 지수, 연우가 걸려서 차례대로 내 옆으로 와 손에 손을 잡고 섰다. 그때까지 윤서는 걸리지 않았다. 『그러다가 내가 "무궁화꽃이……"라고 말하는 사이에 윤서가 잽싸게 달려와서, 나와 시율이가 잡은 손을 쳐서 끊고는 도망치기 시작했다.』 나는 온 힘을 다해 달려서 도망치는 윤서를 잡았다. 나에게 잡힌 윤서는 다음 술래가 되었다. 아, 통쾌해! 박윤서, 너 또 거짓말하면 내가 다음에도 너 잡아서 술래 되게 할 거야, 흥!

『 』: '무궁화꽃이 피었습니다' 놀이의 규칙 ③ – 술래에게 잡힌 친구는 다른 친구가 술래와 잡은 손을 쳐서 끊으면 도망갈 수 있음
'무궁화꽃이 피었습니다' 놀이의 규칙 ④ – 술래에게 잡힌 친구가 다음 술래가 됨
▶ 다시 놀이를 하며 도망치는 윤서를 잡고 나서 통쾌함을 느낌

글을 이해해요

☑ 자기 평가

본문 17쪽

01 (중심 낱말 찾기)

도망치기   가위바위보   ⟨무궁화꽃이 피었습니다⟩

○ ✕

02 (내용 이해)

1 등진   **2** 움직인   **3** 있다

○ ✕

03 (내용 추론)

(박)윤서

○ ✕

04 (중심 내용 쓰기)

민후는 친구들과 '무 궁 화 꽃 이 피었습니다' 놀이를 하다 규 칙 을 어기고 거짓말을 하는 윤서가 얄미웠다. 그래서 다음번에 윤서를 잡아 술 래 가 되게 했다.

○ ✕

02 **1** 술래는 사람들을 등진 채 "무궁화꽃이 피었습니다."라고 외쳐야 해요.
2 술래가 뒤를 돌아봤을 때 움직인 사람은 술래의 손을 잡고 서 있어야 해요.
3 술래에게 잡힌 사람은 다른 사람이 술래와 잡은 손을 쳐서 끊어 주면 도망갈 수 있어요.

03 ㉠의 내용을 보면 시율이, 지수, 연우가 걸려서 민후의 손을 잡고 서 있었는데, 그때까지 걸리지 않은 마지막 친구는 '(박)윤서'라는 것을 알 수 있어요.

04 이 글은 민후가 친구들과 '무궁화꽃이 피었습니다' 놀이를 하며 있었던 일을 쓴 일기예요. 민후는 놀이의 규칙을 지키지 않고 거짓말을 한 윤서가 얄미웠어요. 그래서 다시 놀이를 할 때 온 힘을 다해 도망치는 윤서를 잡아 다음 술래가 되게 했어요.

어휘를 익혀요

본문 18~19쪽

01 **1** ㄹ   **2** ㅁ   **3** ㄱ   **4** ㄷ   **5** ㄴ

02 **1** 규칙   **2** 술래   **3** 통쾌

03

바다에 말이 산다고?

본문 20쪽

> **코칭 Tip** 이 글은 '해마'라는 바닷속 동물에 대해 설명하는 글입니다. 해마가 어떻게 생겼고, 어디에서 태어나는지 등 해마의 특징을 파악하며 글을 읽을 수 있도록 합니다.

◆ '바다의 말'이라는 뜻을 가진 동물의 이름에 색칠해요.

◆ 아기 해마가 어디에서 태어나는지 그 비밀이 드러난 부분에 밑줄을 그어요.

1 안녕? 난 바닷속에 살고 있는 아기 **해마**란다. 내 이름인 해마는 '바다의 말'
　　　　　　　　　　　　　　　　　중심 소재　　　　　　　　　　　　　　　'해마'의 뜻
이라는 뜻이야. 머리 모양 특히 길쭉한 주둥이가 말을 닮아서 이런 이름이 붙
　　　　　　　해마가 '바다의 말'이라는 이름을 갖게 된 이유
었지. 하지만 생김새를 제외하고 말과는 공통점이 별로 없는 작은 물고기란

다. 말처럼 힘차게 뛰어다니기는커녕 물살에 떠밀려서 떠다니거든. 바닷물에
　　　　　　　　　　　　해마의 이동 방법 ①
쓸려 가지 않으려고 원숭이처럼 긴 꼬리로 바닷말을 돌돌 감고 있을 때도 있
　　　　　　　　　바닷물에 쓸려 가지 않기 위해 하는 해마의 행동
어. 우리는 꼿꼿이 선 채로 등지느러미를 부채처럼 살랑거리면서 느리게 헤엄
　　　　　　　해마의 이동 방법 ②
을 치지.

▶ '해마'라는 이름의 뜻과 해마의 이동 방법

2 내 비밀을 하나 알려 줄까? 사실 나는 아빠 배 속에서 태어났어. 못 믿겠다고? 정말이야. 엄마가
　　　　　　　　　　아기 해마의 비밀: 아빠 배 속에서 새끼가 태어남
아빠와 서로 꼬리를 감아서 아빠의 육아 주머니에 알을 낳거든. 그럼 아빠는 정성을 다해 우리를 육
　　해마가 태어나는 과정 ①: 엄마가 아빠의 육아 주머니에 알을 낳음
아 주머니에서 길러 주셔. 그냥 주머니에 품고만 있는 게 아니라 우리가 잘 클 수 있게 영양분도 주시
해마가 태어나는 과정 ②: 아빠가 육아 주머니에서 알을 돌봄　　　　　　　　　　　　해마의 아빠가 하는 일
지. 물론 엄마도 하루에 한 번씩 아빠를 찾아와 우리가 잘 크고 있는지, 아빠가 어디 아프지는 않은지
　　　　　　　　　　　　　　　　　해마의 엄마가 하는 일
보살펴 주셔. 이렇게 아빠의 육아 주머니 속에서 무럭무럭 자란 우리는 알을 깨고 작은 아기 해마가
　　　　　　　　　　해마가 태어나는 과정 ③: 다 자라면 알을 깨고 아빠의 배 속에서 나옴
되어 아빠의 배 속에서 나온단다. 우리 아빠 정말 멋있지 않니?

▶ 해마가 태어나는 과정

글을 이해해요

✓ 자기 평가

본문 21쪽

01 (중심 낱말 찾기)

말 (해 마) 물 고 기 원 숭 이

⭕ ❌

02 (내용 이해)

③

⭕ ❌

03 (내용 추론)

여보, 우리 아기들은 잘 크고 있나요?

그럼요. 내 육아 주머니 안에서 무럭무럭 크고 있으니 염려 말아요.

☐ ✓

⭕ ❌

04 (중심 내용 쓰기)

해마는 '바 다 의 말'이라는 뜻을 지닌 작은 물 고 기 로, 아 빠 의 배 속에서 새끼가 태어난다.

⭕ ❌

02 1문단을 보면 '해마'라는 이름의 뜻과 이러한 이름이 붙은 이유가 나와 있어요. 해마는 길쭉한 주둥이가 말을 닮아서 '바다의 말'이라는 뜻의 이름을 갖게 되었어요.

(오답 풀이)

① 해마가 원숭이처럼 긴 꼬리로 바닷말을 감고 있는 것은 바닷물에 쓸려 가지 않으려는 해마의 행동일 뿐이에요.

② 해마는 말처럼 힘차게 헤엄을 치지 못해요.

03 2문단에서 엄마 해마가 아빠 해마의 육아 주머니에 알을 낳고, 아빠 해마가 육아 주머니에서 정성을 다해 알을 돌본다고 했어요. 따라서 자신의 육아 주머니 안에서 잘 크고 있다고 말한 오른쪽 해마가 아빠 해마라고 볼 수 있어요.

04 이 글은 '해마'라는 이름의 뜻과 해마의 특징에 대해 설명하고 있어요. 주둥이가 말을 닮은 작은 물고기인 해마는 아빠의 배 속에서 태어나요.

어휘를 익혀요

본문 22~23쪽

01 ❶ ㄹ ❷ ㄱ ❸ ㄷ ❹ ㄴ ❺ ㅁ   **02** ❶ 꼿꼿이 ❷ 공통점 ❸ 제외

03 (1)

어휘	비슷한 말
❶ 헤엄	(수영) / 촬영
❷ 꼿꼿이	그대로 / (똑바로)
❸ 제외하다	(빼놓다) / 터놓다

(2)

어휘	반대말
❶ 공통점	문제점 / (차이점)
❷ 힘차다	(힘없다) / 힘주다
❸ 길쭉하다	(짤따랗다) / 얄따랗다

05 겨울에 만나요

본문 24쪽

코칭 Tip 이 글은 겨울 철새인 흑두루미에 대해 설명하는 글입니다. 흑두루미가 겨울에 우리나라를 찾아오는 이유를 파악하며 글을 읽을 수 있도록 합니다.

◆ 시베리아에서 순천만으로 이동하는 겨울 철새의 이름을 찾아 색칠해요.
◆ 흑두루미가 겨울에 한국을 찾아오는 이유를 찾아 밑줄을 그어요.

① 안녕하세요. 저는 겨울 철새라고 불리는 흑두루미예요. 저는 시베리아
에 살고 있지만, 10월 어느 맑은 날쯤이면 겨울을 보내러 한국으로 간답니
다. 우리 무리는 전라남도에 있는 순천만으로 가서 겨울을 보내곤 해요. 『우
리가 사는 시베리아는 겨울에 상상도 못 할 정도로 춥답니다. 강물도 꽁꽁
얼어서 물고기나 작은 곤충 같은 먹이를 구하기도 어렵지요.』 그래서 우리
는 겨울철에 새끼들까지 데리고 한국으로 가서 지내요. 한국도 매우 춥지
만 그래도 시베리아보다 따뜻하고 먹이를 구하기도 쉽거든요. ▶ 겨울을 보내기 위해 시베리아에서 한국으로 가려는 흑두루미

② 11월의 바람 부는 날, 드디어 우리는 먼 거리를 날아서 순천
만에 도착했어요. 이곳으로 오는 길에 저처럼 겨울철에 한국을 찾
는 고니, 황새, 떼까마귀 등도 만날 수 있었답니다. 이
친구들은 전라도 군산 지역의 금강호, 전북 고창군의 동
림 저수지, 울산의 태화강 등으로 간다고 해요. 모두들
겨울을 잘 보냈으면 좋겠어요.
▶ 먼 거리를 날아 한국의 순천만에 도착한 흑두루미

③ 어느덧 3월 따뜻한 봄이 오고 있어요. 제가 살던 시
베리아의 강추위도 끝났을 거고, 이제 제가 원래 살던 곳
으로 돌아갈 때가 왔어요. 이번 겨울도 한국에서 잘 지냈
으니 내년 겨울에 또 와야겠어요.
▶ 한국에서 겨울을 보내고 시베리아로 돌아가려는 흑두루미

글을 이해해요

✔ 자기 평가

본문 25쪽

01 (중심 낱말 찾기)

| 황 | 새 |

| 떼 | 까 | 마 | 귀 |

| 흑 | 두 | 루 | 미 |

◯ ✕

02 (내용 이해)

②

◯ ✕

03 (내용 이해)

②

◯ ✕

04 (중심 내용 쓰기)

흑두루미는 | 시 | 베 | 리 | 아 | 보다 따뜻하고 | 먹 | 이 | 도 구하기 쉬운 한국을 찾아 | 겨 | 울 | 을 보내고, 봄이 되면 다시 시베리아로 떠나는 겨울 | 철 | 새 | 이다.

◯ ✕

02 1문단 마지막 문장을 보면, 흑두루미가 겨울만 되면 한국을 찾아오는 이유가 시베리아보다 한국이 따뜻하고 먹이를 구하기 쉬워서임을 알 수 있어요.

(오답 풀이)

① 흑두루미가 원래 살던 곳은 시베리아예요.

③ 흑두루미는 한국이 시베리아보다 따뜻해서 겨울만 되면 한국을 찾아와요.

03 2문단에는 흑두루미가 한국으로 오는 길에 만난 철새 친구들로 고니, 황새, 떼까마귀 등이 있다고 했어요. 참새는 사는 곳을 옮기지 않고 거의 한 지역에서만 사는 텃새예요.

04 이 글은 겨울을 보내러 한국에 찾아오는 철새 중 흑두루미에 대해 설명하고 있어요. 흑두루미는 겨울이 되면 시베리아보다 따뜻하고 먹이도 구하기 쉬운 한국에서 겨울을 보내고 봄이 오면 다시 시베리아로 이동해요.

어휘를 익혀요

본문 26~27쪽

01 ❶ ㄱ ❷ ㅁ ❸ ㄴ ❹ ㄷ ❺ ㄹ

02 ❶ 무리 ❷ 상상 ❸ 철새

03

❶ 계절이 겨울일 때

| 겨 | 울 | 철 |

❷ 계절에 따라 이리저리 옮겨 다니며 사는 새

| 철 | 새 |

❸ 낳은 지 얼마 안 되는 어린 짐승

| 새 | 끼 |

❹ 아침, 점심, 저녁과 같이 날마다 일정한 시간에 먹는 밥. 또는 그렇게 먹는 일

| 끼 | 니 |

15

06 무쇠 방망이를 가는 할아버지

코칭 Tip 이 글은 한 젊은이가 무쇠 방망이를 가는 할아버지를 만나서 깨달음을 얻게 된 이야기입니다. 젊은이와 무쇠 방망이를 가는 할아버지의 모습을 통해 얻을 수 있는 교훈이 무엇인지를 생각하며 글을 읽을 수 있도록 합니다.

◆ 이 글에서 깨달음을 얻은 사람은 누구인지 색칠해요.
◆ 할아버지의 말씀 중 꾸준한 노력의 중요성을 알려 주는 부분에 밑줄을 그어요.

1 옛날 옛적 어느 시골 마을에 한 젊은이가 살았어요. 젊은이는 훌륭한 원님이 되어서 마을의 어려
_{시간적 배경}　　　　_{공간적 배경}　　　_{중심인물}　　　　　　　　_{젊은이가 이루고자 하는 꿈}
운 사람들을 도와주고 싶다는 멋진 꿈을 가지고 있었지요. 그래서 젊은이는 열심히 공부를 하려고 깊
은 산속으로 들어갔어요.　　　　　　　　　　　　▶ 자신의 꿈을 이루기 위해 깊은 산속으로 들어간 젊은이

2 그러나 젊은이는 조용한 산속에서 공부만 하는 것에 금세 싫증이 나고 말았어요.

'공부를 한다고 해서 당장 원님이 되는 것도 아닌데, 내가 왜 이런 고생을 해야 하지?'

젊은이는 스승에게 인사도 하지 않고 몰래 산에서 내려와 버렸어요.
　　　_{산속에 들어간 목적을 잊고 산에서 내려온 젊은이}　　　　　▶ 공부하는 게 싫증이 나서 산에서 내려오고 만 젊은이

3 산 아래 냇가에서 잠시 쉬고 있던 젊은이는 조금 낯선 모
습을 보았어요. 한 할아버지가 바위 위에서 무쇠로 된 방망이
　　　　　_{젊은이에게 깨달음을 주는 인물}
를 갈고 있는 것이었어요.

"할아버지, 무쇠 방망이로 무엇을 하고 계세요?"

"바늘을 만드는 중이라네."

할아버지의 말을 들은 젊은이는 더욱 이상한 생각이 들었어
요. 그렇게 크고 단단한 무쇠 방망이를 갈아서 가느다란 바늘을 만드는 것이 불가능해 보였기 때문이
　　　　　　　　　　　_{무쇠 방망이로 바늘을 만든다는 할아버지의 말이 이해가 되지 않은 까닭}
에요.

"아니, 그렇게 무쇠를 간다고 바늘이 되겠습니까?"

"아무렴. 매일 이렇게 조금씩 갈다 보면 결국은 방망이도 가는 바늘이 되고 말지."
　　　　　　　_{꾸준한 노력의 중요성을 알려 주는 할아버지}　　　　　▶ 무쇠 방망이를 갈아 바늘을 만드는 할아버지를 만난 젊은이

4 『그 말을 들은 젊은이는 속으로 뜨끔했어요.
　_{『 』: 젊은이가 겪은 마음의 변화 – 노력해 보지 않고 포기한 것에 대한 부끄러움}
'제대로 공부를 해 보지도 않고 쉽게 그만두었으니 아무것도 이룰 수 없었구나.』

할아버지의 모습에서 꾸준히 노력하는 것이 중요하다는 깨달음을 얻은 젊은이는 할아버지께 공손
　　　　　　　　　_{젊은이가 할아버지의 모습에서 얻은 깨달음}
히 절을 올리고 다시 산으로 올라갔어요.　　　　　　　▶ 할아버지의 모습에서 깨달음을 얻고 다시 산으로 올라간 젊은이

글을 이해해요

✓ 자기 평가   본문 33쪽

01 (인물 찾기)

| 스 | 승 | | 원 | 님 | | 젊 | 은 | 이 | | 할 | 아 | 버 | 지 |

〇 ✕

02 (내용 이해)

ㄱ → ㄹ → ㄷ

〇 ✕

03 (내용 이해)

③

〇 ✕

04 (중심 내용 쓰기)

옛날 옛적 한 젊은이가 산속에서 공부를 하다 말고 내려오던 중에 무쇠 방망이를 갈아 바늘 을 만드는 할아버지를 만나 노력 의 중요성을 깨달았다.

〇 ✕

02 젊은이는 원님이 되고 싶은 꿈이 있어 공부를 하러 깊은 산속에 들어갔어요. 하지만 금방 공부에 싫증을 내고 산을 내려오던 중, 무쇠 방망이를 가는 할아버지를 만나 깨달음을 얻고 다시 산으로 올라갔어요.

03 젊은이는 무쇠 방망이도 꾸준히 갈면 결국 바늘이 된다는 할아버지의 말씀을 듣고 뜨끔함을 느꼈어요. 이는 할아버지의 말씀을 통해 노력을 해 보지도 않고 쉽게 포기한 자신의 모습이 떠올라 부끄러웠기 때문이에요.

(오답풀이)
① 젊은이는 산속에서 잠시 공부한 것을 고생이라고 생각했던 게 뜨끔했을 거예요.
② 할아버지의 말씀에서 젊은이가 얻은 깨달음은 꾸준한 노력에 대한 것이지, 인사 예절에 대한 것은 아니에요.

04 이 글은 무쇠 방망이를 갈아 바늘을 만드는 할아버지의 모습에서 깨달음을 얻은 젊은이에 대한 이야기로, 꾸준히 노력하는 것이 중요하다는 교훈을 담고 있어요.

어휘를 익혀요

본문 34~35쪽

01 ❶ ㄷ ❷ ㄴ ❸ ㄹ ❹ ㄱ ❺ ㅁ

02 ❶ 노력 ❷ 금세 ❸ 공손히

03

❶ 싫은 생각이나 느낌 — 갈증 / ✓싫증

❷ 겸손하고 예의 바른 말이나 행동으로 — ✓공손히 / 열심히

❸ 깊이 생각하고 연구하다 알게 되는 것 — 믿음 / ✓깨달음

❹ 한결같이 부지런하고 끈기가 있는 태도로 — ✓꾸준히 / 천천히

❺ 마음에 큰 자극을 받아 불에 닿은 것처럼 뜨겁다. — 깔끔하다 / ✓뜨끔하다

17

07 호그와트 마법 학교

본문 36쪽

코칭 Tip 이 글은 『해리 포터와 마법사의 돌』이라는 책을 읽고 쓴 독후 감상문입니다. 책을 읽으면서 인상 깊었던 내용과 느낀 점을 파악하며 글을 읽을 수 있도록 합니다.

◆ 호그와트 마법 학교에서 글쓴이가 가장 인상 깊었다고 한 부분에 색칠해요.
◆ 글쓴이가 책을 읽고 나서 다짐한 내용을 찾아 밑줄을 그어요.

독후 감상문

책 제목 『해리 포터와 마법사의 돌』　　**지은이** 조앤 K. 롤링

1 『해리 포터와 마법사의 돌』은 평범했던 한 아이가 자신이 마법사라는 것을 알게 된 후 마
법 학교에 입학해서 겪는 모험을 그리고 있다.
_{『해리 포터와 마법사의 돌』의 전체적인 내용}
나는 이 책의 내용 중에서 호그와트 마법 학교
에 있는 네 개의 기숙사에 대한 부분이 가장 인상 깊었다.　▶ 『해리 포터와 마법사의 돌』을 읽으며 인상 깊었던 내용
_{중심 소재}

2 호그와트 마법 학교는 먼 옛날 위대한 마법사인 고드릭 그리핀도르, 로웨나 래번클로, 헬
가 후플푸프, 살라자르 슬리데린이 함께 만들었다. 마법사들은 각자 중요하게 생각하는 정신
에 따라 '그리핀도르, 래번클로, 후플푸프, 슬리데린'이라는 네 개의 기숙사를 지었다. 그리핀
도르는 용기 있고 대담한 사람, 래번클로는 지혜롭고 사려 깊은 사람, 후플푸프는 진실하고 성
_{그리핀도르 기숙사에 들어가기에 알맞은 사람}　　_{래번클로 기숙사에 들어가기에 알맞은 사람}　　_{후플푸프 기숙사에 들어가기에 알맞은 사람}
실한 사람, 슬리데린은 재능과 야망이 있는 사람을 위한 기숙사이다. 호그와트 마법 학교에 입
_{슬리데린 기숙사에 들어가기에 알맞은 사람}
학한 학생들이 어느 기숙사로 갈지는 '마법의 분류 모자'가 정한다. 마법의 분류 모자는 학생
_{호그와트 마법 학교에 입학한 학생들이 어느 기숙사로 갈지 정하는 방법}
들의 성격과 재능을 보고 각 학생에게 알맞은 기숙사를 정해 준다.
　　　　　　　　　　　　　　　　　　　　▶ 호그와트 마법 학교에 있는 네 개의 기숙사가 중요하게 생각하는 정신

3 내가 만약 호그와트 마법 학교의 학생이 된다면 나는 그리핀도르에
_{글쓴이가 들어가고 싶은 기숙사}
들어가고 싶다. 그러려면 용기 있게 적을 물리친 해리 포터처럼,
_{글쓴이가 책을 읽고 나서 다짐한 내용}
나도 굳세고 용감한 사람이 되어야겠다.
　　　　　　　　　▶ 『해리 포터와 마법사의 돌』을 읽고 느낀 점

글을 이해해요

☑ 자기 평가

본문 37쪽

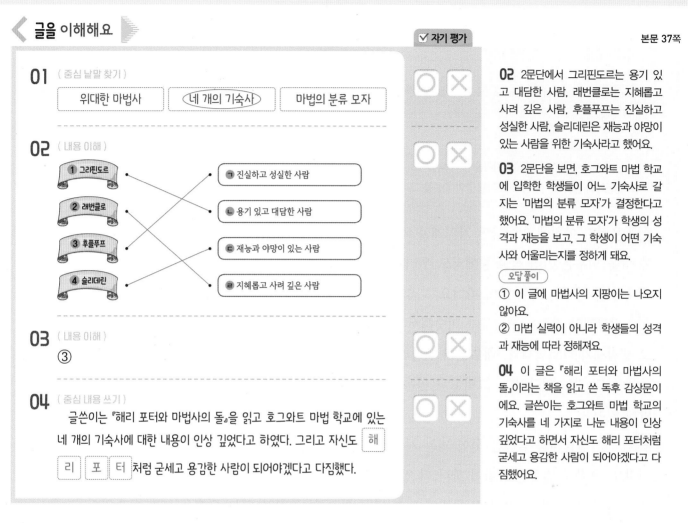

01 (중심 낱말 찾기)

위대한 마법사 | 네 개의 기숙사 | 마법의 분류 모자

○ ✕

02 (내용 이해)

1 그리핀도르 — ㄴ 용기 있고 대담한 사람
2 래번클로 — ㄹ 지혜롭고 사려 깊은 사람
3 후플푸프 — ㄱ 진실하고 성실한 사람
4 슬리데린 — ㄷ 재능과 야망이 있는 사람

○ ✕

03 (내용 이해)

③

○ ✕

04 (중심 내용 쓰기)

글쓴이는 『해리 포터와 마법사의 돌』을 읽고 호그와트 마법 학교에 있는 네 개의 기숙사에 대한 내용이 인상 깊었다고 하였다. 그리고 자신도 해 리 포 터 처럼 굳세고 용감한 사람이 되어야겠다고 다짐했다.

○ ✕

02 2문단에서 그리핀도르는 용기 있고 대담한 사람, 래번클로는 지혜롭고 사려 깊은 사람, 후플푸프는 진실하고 성실한 사람, 슬리데린은 재능과 야망이 있는 사람을 위한 기숙사라고 했어요.

03 2문단을 보면, 호그와트 마법 학교에 입학한 학생들이 어느 기숙사로 갈 지는 '마법의 분류 모자'가 결정한다고 했어요. '마법의 분류 모자'가 학생의 성격과 재능을 보고, 그 학생이 어떤 기숙사와 어울리는지를 정하게 돼요.

(오답 풀이)

① 이 글에 마법사의 지팡이는 나오지 않아요.

② 마법 실력이 아니라 학생들의 성격과 재능에 따라 정해져요.

04 이 글은 『해리 포터와 마법사의 돌』이라는 책을 읽고 쓴 독후 감상문이에요. 글쓴이는 호그와트 마법 학교의 기숙사를 네 가지로 나눈 내용이 인상 깊었다고 하면서 자신도 해리 포터처럼 굳세고 용감한 사람이 되어야겠다고 다짐했어요.

어휘를 익혀요

본문 38~39쪽

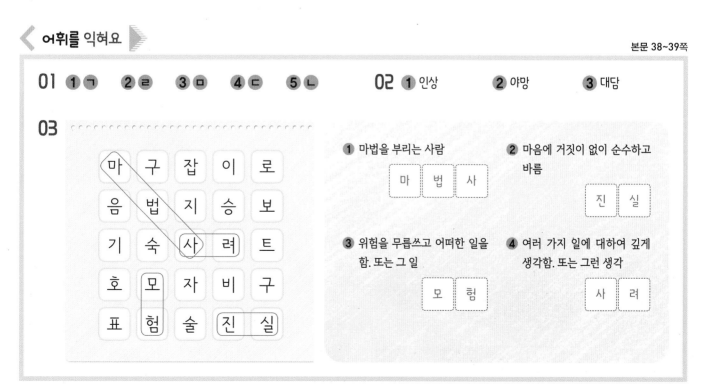

01 1 ㄱ 2 ㄹ 3 ㅁ 4 ㄷ 5 ㄴ

02 1 인상 2 야망 3 대담

03

마	구	잡	이	로
음	법	지	승	보
기	숙	사	려	트
호	모	자	비	구
표	험	술	진	실

1 마법을 부리는 사람
마 법 사

2 마음에 거짓이 없이 순수하고 바름
진 실

3 위험을 무릅쓰고 어떠한 일을 함. 또는 그 일
모 험

4 여러 가지 일에 대하여 깊게 생각함. 또는 그런 생각
사 려

19

08 진달래와 철쭉, 뭐가 달라?

본문 40쪽

> **코칭 Tip** 이 글은 봄꽃 중에서도 진달래와 철쭉에 대해 설명하는 글입니다. 진달래와 철쭉의 구별 방법을 파악하며 글을 읽을 수 있도록 합니다.

◆ 이 글에서 설명하는 봄꽃 두 가지를 찾아 색칠해요.

◆ 진달래와 철쭉의 차이점 세 가지를 찾아 밑줄을 그어요.

---

1 우리가 아침에 일어나면 기지개를 켜듯이, 봄이 되면 식물도 고개를 쏙 내밀고 싹을 틔워요. 봄에 싹을 틔우는 여러 식물 중에서도 우리의 눈을 사로잡는 건 아마도 봄꽃이 아닐까요? 목련과 벚꽃, 개나리 등 봄에는 꽃이 많이 피어요. 다양한 봄꽃 중에서도 <u>진달래와 철쭉</u>에 대해 알아보기로 해요.
<small>중심 소재</small>　▶ 다양한 봄꽃 중, 진달래와 철쭉에 대한 소개

2 진달래와 철쭉은 생김새가 비슷해서 언뜻 보면 구별을 하기가 어려워요. 그러나 자세히 살펴보면 그 생김새가 다르답니다. 대부분의 <u>진달래와 철쭉은 연한 분홍색을 띠고 있는데, 철쭉은 흰색이나 자</u>
<small>진달래와 철쭉의 차이점 ①　　　　　　　　　　　　　　진달래와 철쭉의 생김새의 차이점 ①: 꽃잎의 색깔</small>
<u>주색을 띤 것도 있답니다.</u> 그리고 꽃잎을 들여다보면 <u>진달래와 달리 철쭉의 꽃잎에는 적갈색의 점이</u>
<small>진달래와 철쭉의 생김새의 차이점 ②: 꽃잎의 점 여부</small>
<u>박혀 있어요.</u>
　▶ 진달래와 철쭉의 차이점 ①: 생김새

3 또한 <u>진달래와 철쭉은 꽃이 피는 시기가 달라요. 진달래는 4월에 피는데, 철쭉은 5월이 되어야</u>
<small>진달래와 철쭉의 차이점 ②　　　　　　　　　　　　　진달래와 철쭉의 꽃이 피는 시기</small>
<u>피지요.</u> 둘을 구별하는 방법이 하나 더 있어요. 바로 <u>꽃과 잎이 나오는 순서</u>가 다르다는 거예요. 『진달
<small>진달래와 철쭉의 차이점 ③</small>
래는 꽃이 먼저 피고, 꽃이 질 무렵에 잎이 나서 꽃과 잎이 함께 있는 모습을 보기 어려워요. 그래서
<small>『　』: 진달래의 꽃과 잎이 나오는 순서</small>
진달래에 꽃만 덩그러니 피어 있는 모습을 이따금 볼 수 있지요.』반면에『철쭉은 잎이 난 뒤에 꽃이 피
<small>『　』: 철쭉의 꽃과 잎이 나오는 순서</small>
거나, 잎이 나는 것과 동시에 꽃이 피지요.』
　▶ 진달래와 철쭉의 차이점 ②, ③: 꽃이 피는 시기, 꽃과 잎이 나오는 순서

글을 이해해요

본문 41쪽

✓ 자기 평가

01 (중심 낱말 찾기)

벚꽃 　 ⬭철쭉⬭ 　 개나리 　 ⬭진달래⬭

02 (내용 이해)

□ 4월에 피고 진다.

✓ 꽃잎에 적갈색 점이 있다.

✓ 꽃이 분홍색, 흰색, 자주색을 띤다.

03 (내용 이해)

① 꽃 　 **②** 잎 　 **③** 잎 　 **④** 꽃

04 (중심 내용 쓰기)

진달래와 철쭉은 구별이 어렵지만 자세히 살펴보면 생김새 가 다르고, 꽃이 피는 시기 와 꽃과 잎이 나오는 순서 도 다르다.

02 철쭉은 진달래와 달리 꽃잎에 적갈색 점이 박혀 있어요. 또한 대부분의 진달래가 연한 분홍색인데 비해, 철쭉은 연한 분홍색뿐만 아니라 흰색이나 자주색을 띠는 것도 있어요. 하지만 3문단을 보면 4월에 피는 꽃은 철쭉이 아니라 진달래라는 것을 알 수 있어요.

(이럴 땐 이렇게!) 이렇게 두 대상을 비교하는 글을 읽을 때에는, 비교 대상의 특징을 표로 정리하면 문제를 풀 때 도움이 돼요.

03 3문단을 보면 진달래는 꽃이 먼저 피고, 꽃이 질 무렵에 잎이 난다고 했어요. 이와 달리 철쭉은 잎이 난 뒤에 꽃이 피거나, 잎이 나는 것과 동시에 꽃이 핀다고 했어요.

04 이 글은 진달래와 철쭉의 차이점에 대해 설명하고 있어요. 진달래와 철쭉은 생김새, 꽃이 피는 시기, 꽃과 잎이 나오는 순서가 달라요.

어휘를 익혀요

본문 42~43쪽

01 **①** ㅁ 　 **②** ㄱ 　 **③** ㄹ 　 **④** ㄷ 　 **⑤** ㄴ

02 **①** 언뜻 　 **②** 구별 　 **③** 사로잡

03

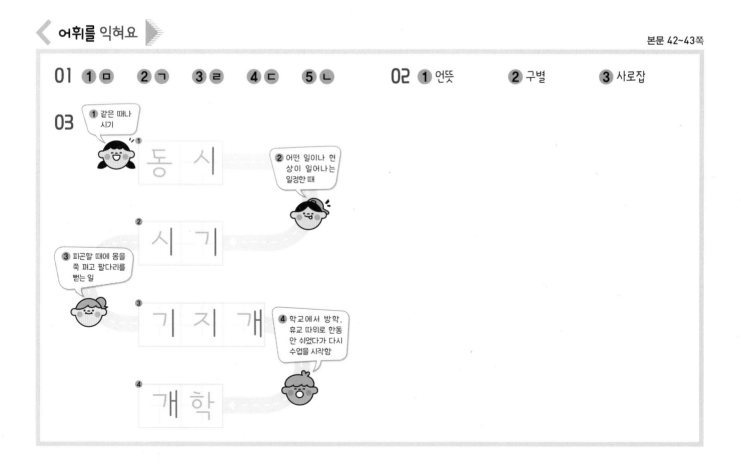

① 같은 때나 시기

동시

② 어떤 일이나 현상이 일어나는 일정한 때

시기

③ 피곤할 때에 몸을 쭉 펴고 팔다리를 뻗는 일

기지개

④ 학교에서 방학, 휴교 따위로 한동안 쉬었다가 다시 수업을 시작함

개학

09 태극기가 궁금해

본문 44쪽

코칭 Tip 이 글은 우리나라의 국기인 태극기에 대해 설명하는 글입니다. 태극기의 모양을 살펴보고, 태극기의 모양에 담긴 뜻을 파악하며 글을 읽을 수 있도록 합니다.

◆ 우리나라의 국기를 무엇이라고 하는지 해당하는 낱말을 찾아 색칠해요.

◆ 태극기에 그려진 4괘가 상징하는 바가 무엇인지 밑줄을 그어요.

1 태극기는 우리나라의 국기예요. 국기란, 한 나라를 대표하고 상징하는 깃발을 말합니다. 그렇다면
중심 소재   태극기의 뜻   국기의 뜻
왜 이름이 '태극기'일까요? 그것은 깃발 가운데에 빨강과 파랑으로 색칠된 태극 무늬가 있기 때문이
                                                                  태극기라는 이름이 붙은 까닭
에요. 빨강과 파랑이 맞물려 있는 태극 무늬는 옛날부터 우주가 생긴 원리를 나타내는 그림으로 써
                                                    태극 무늬가 나타내는 것
왔어요.
                                                    ▶ 태극기의 뜻과 태극기라는 이름이 붙은 까닭

2 이제 태극기의 바탕과 모서리를 한번 살펴볼까요? 태극기는 바탕이 깨끗한 흰색이에요. 태극기
의 흰색 바탕은 밝음과 순수, 평화를 사랑하는 마음을 나타낸답니다. 그럼 태극 무늬 바깥쪽에 있는
        태극기의 흰색 바탕의 의미
막대들은 무엇일까요? 이 막대 네 개를 '4괘'라고 부릅니다. '건( )'은 하늘을, '곤( )'은 땅을, '감
                                                        태극기에 그려진 4괘가 상징하는 바
( )'은 물을, '리( )'는 불을 상징합니다.
                                                        ▶ 태극기의 흰색 바탕과 4괘의 의미

3 태극기는 우리나라에서 역사적으로 중요한 일이 일어난 날에 걸어요. 나라를 위해 목숨을 바치
                                                                    태극기를 거는 날 ①
신 분을 기리는 현충일(6월 6일)이나, 우리나라의 광복을 기념하는 광복절(8월 15일), 먼 옛날 단군
                                                    태극기를 거는 날 ②
할아버지가 고조선을 세운 개천절(10월 3일) 등이 그런 날이지요. 나라에 기쁜 일이 생겼던 날과 슬
                        태극기를 거는 날 ③
픈 일이 생겼던 날에 나라를 사랑하는 마음으로 태극기를 걸어 보는 건 어떨까요?   ▶ 태극기를 거는 날

글을 이해해요

01 (중심 낱말 찾기)

깃 발　　개 천 절　　(태 극 기)　　현 충 일

○ ✕

02 (내용 이해)

1 ✕　　　**2** ○　　　**3** ○

○ ✕

03 (내용 이해)

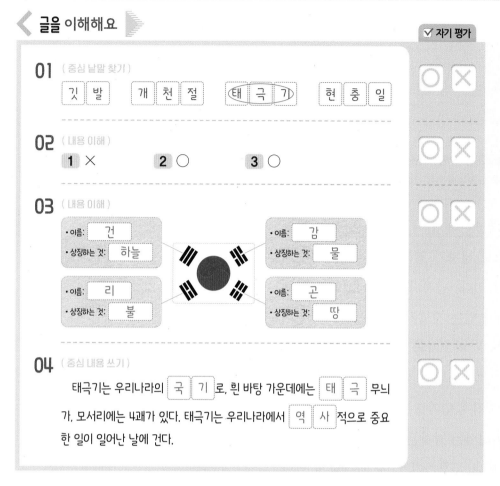

• 이름: 건
• 상징하는 것: 하늘

• 이름: 감
• 상징하는 것: 물

• 이름: 리
• 상징하는 것: 불

• 이름: 곤
• 상징하는 것: 땅

○ ✕

04 (중심 내용 쓰기)

태극기는 우리나라의 국 기 로, 흰 바탕 가운데에는 태 극 무늬가, 모서리에는 4괘가 있다. 태극기는 우리나라에서 역 사 적으로 중요한 일이 일어난 날에 건다.

○ ✕

02 **1** 1문단에서 태극 무늬는 옛날부터 우주가 생긴 원리를 나타내는 그림으로 써 왔다고 했어요.
2 태극기의 가운데에 있는 태극 무늬는 빨간색과 파란색이고, 태극기의 바탕은 하얀색이며, 모서리에 있는 막대인 4괘는 검은색이에요.
3 3문단에서 태극기는 우리나라에서 역사적으로 중요한 일이 일어난 날에 건다고 하면서 현충일, 광복절, 개천절이 그런 날이라고 했어요.

03 2문단을 보면 왼쪽 위에 있는 '건'은 하늘을, 오른쪽 위에 있는 '감'은 물을, 오른쪽 아래에 있는 '곤'은 땅을, 왼쪽 아래에 있는 '리'는 불을 상징한다고 했어요.

04 이 글은 우리나라의 국기인 태극기의 모양과 태극기를 거는 날에 대해 설명하고 있어요.

어휘를 익혀요

01 **1** ㅁ　**2** ㄷ　**3** ㄴ　**4** ㄹ　**5** ㄱ　　**02** **1** 순수　**2** 대표　**3** 목숨

03 (1)　　　　　　　　　　　　　　　　　(2)

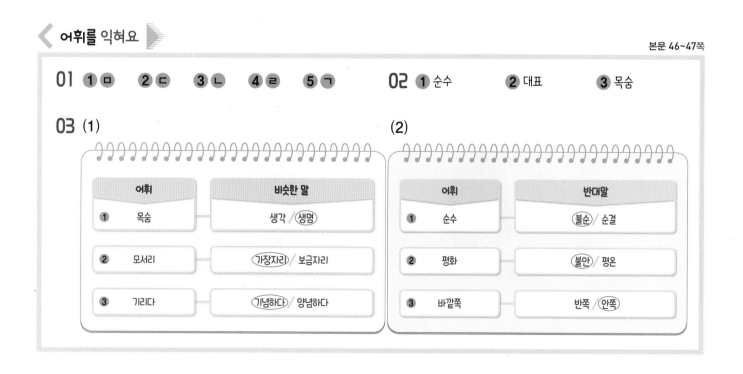

어휘	비슷한 말
1 목숨	생각 / (생명)
2 모서리	(가장자리) / 보금자리
3 기리다	(기념하다) / 양념하다

어휘	반대말
1 순수	(불순) / 순결
2 평화	(불안) / 평온
3 바깥쪽	반쪽 / (안쪽)

10 우리의 옷, 한복

코칭 Tip 이 글은 우리의 전통 옷인 한복에 대해 설명하는 글입니다. 한복의 종류와 한복을 바르게 입는 방법을 파악하며 글을 읽을 수 있도록 합니다.

◆ 우리나라의 전통 옷을 무엇이라고 하는지 해당하는 낱말을 찾아 색칠해요.

◆ 한복을 바르게 입는 방법 두 가지를 찾아 밑줄을 그어요.

1 **한복**은 우리 민족이 옛날부터 입어 온 우리나라의 전통
　중심 소재　　　　　　　　　　한복의 뜻
옷이다. 한복에는 기본적으로 남자가 입는 저고리와 바지, 여
　　　　　　　　　　　　　　　한복의 기본적인 차림
자가 입는 저고리와 치마가 있다. 남자가 입는 저고리는 보통
허리까지 오는 길이로 여자가 입는 저고리보다 길이가 긴 편이
다. 저고리 위에는 조끼, 배자, 마고자와 같은 옷을 덧입을 수
　　　　　　　저고리 위에 덧입는 옷
있는데, 날이 추울 때에는 남녀 모두 옷자락이 무릎까지 내려
　　　　　　두루마기는 날이 추울 때 입는 옷임
오는 긴 두루마기를 그 위에 겹쳐 입기도 한다.　▶ 한복의 뜻과 종류

조끼　배자

마고자　두루마기

2 한복을 바르게 입기 위해서는 남자든 여자든 옷고름을 잘
매야 한다. 옷고름은 저고리나 두루마기 앞에 기다랗게 달아
　　　　　　　　　　　　　　　옷고름의 뜻
옷자락을 여미게 하는 끈으로 다른 사람이 바라볼 때 항상 옷고름의 머리가 오른쪽에 와야 한다. 그
　　　　　　　　　　　　　　　　　　　　　　한복을 바르게 입는 방법 ①
리고 남자는 대님이라는 끈으로 바지의 끝부분을 발목에 매어 단정하게 입어야 한다.　▶ 한복을 바르게 입는 방법
　　한복을 바르게 입는 방법 ②

옷고름
대님
저고리와 바지를 입은 남학생　저고리와 치마를 입은 여학생

글을 이해해요

☑ 자기 평가

본문 49쪽

01 (중심 낱말 찾기)

| 대 | 님 | | ⟮한 복⟯ | | 옷 고 름 | | 저 고 리 |

◯ ✕

02 (내용 이해)

☑ 저고리 ☑ 바지
☐ 치마 ☑ 조끼
☐ 마고자 ☐ 두루마기

◯ ✕

03 (내용 추론)

연지

◯ ✕

04 (중심 내용 쓰기)

한복은 우리 민 족 이 옛날부터 입어 온 전통 옷으로, 남자 저고리와 바지, 여자 저고리와 치 마 가 기본이고, 조끼, 배자, 마고자, 두루마기를 덧입을 수 있다. 한복을 바르게 입으려면 옷고름과 대 님 을 잘 매야 한다.

◯ ✕

02 1문단을 통해 남자 한복의 기본적인 차림은 남자가 입는 저고리와 바지라는 것을 알 수 있어요. 그리고 글에 제시된 사진을 참고했을 때, 이 그림의 남학생이 저고리 위에 덧입은 옷이 소매가 없는 조끼라는 것을 알 수 있어요. 한편 치마는 여자들이 입는 아래옷이고, 마고자는 소매가 있는 웃옷, 두루마기는 소매도 있고 옷자락도 긴 웃옷이에요.

03 2문단을 보면 옷고름의 머리는 상대방이 바라볼 때 오른쪽에 와야 한다고 했어요. 이는 옷고름을 매는 사람의 입장에서는 옷고름의 머리를 왼쪽 방향으로 맨다는 의미예요. 이렇게 옷고름을 맨 사람은 연지예요.

04 이 글은 우리 민족의 전통 옷인 한복의 종류와 한복을 바르게 입는 방법에 대해 설명하고 있어요.

어휘를 익혀요

본문 50~51쪽

01 ❶ ㅁ ❷ ㄴ ❸ ㄹ ❹ ㄱ ❺ ㄷ

02 ❶ 기본적 ❷ 단정 ❸ 덧입

03

11 내 친구 아기 고양이

본문 56쪽

> **코칭 Tip** 이 글은 놀이터에서 놀던 아이들이 아기 고양이를 만나 친구 사이가 된 이야기입니다. 이야기의 흐름에 따른 인물들의 행동을 파악하며 글을 읽을 수 있도록 합니다.

◆ 준하와 친구들이 놀이터에서 발견한 동물을 찾아 색칠해요.
◆ 준하와 친구들이 아기 고양이와 어떤 사이가 되었는지를 찾아 밑줄을 그어요.

1 학교가 끝나자마자 준하는 놀이터에서 친구들과 숨바꼭질 놀이를 시작했어요.

"꼭꼭 숨어라, 머리카락 보일라. 다 숨었니? 그럼 찾는다!"
　　　　숨바꼭질 놀이에서 술래가 하는 말

술래가 된 준하는 미끄럼틀 아래, 나무 기둥 뒤를 샅샅이 살폈어요. 그때 어디선가 고양이 울음소리가 들렸어요. 이리저리 둘러보던 준하의 시선이 멈춘 곳은 바로 놀이터 의자 아래였어요. **아기 고양이**
　　　　　　　　　　　　　　　　　　　　준하가 아기 고양이를 발견한 곳　　　　중심 소재
가 엄마를 잃어버렸는지 혼자 가엾게 울고 있었어요.

"얘들아, 다들 나와 봐! 여기 아기 고양이가 있어! 빨리, 빨리!"

2 준하의 다급한 목소리를 들은 친구들이 하나둘씩 나와 의자 앞으로 모여들었어요. 아기 고양이
　　　　　　　　　　　　　　　　▶ 친구들과 놀이터에서 숨바꼭질 놀이를 하다가 아기 고양이를 발견한 준하
는 눈을 깜빡깜빡하며 아이들의 얼굴을 요리조리 살피더니, 꼬리를
　　　　　친구들을 살피다가 반가움을 표시한 아기 고양이
곧게 세우며 반갑게 인사를 했어요. 현준이가 가방에서 물통을 꺼내
바닥에 물을 부어 주자 아기 고양이는 할짝할짝 물을 먹었어요. 민아
　　　　아기 고양이에게 물을 준 현준이
는 그 모습이 귀여워 아기 고양이의 머리를 쓰다듬어 주었답니다.
　　　　아기 고양이의 머리를 쓰다듬은 민아

"너무 귀엽다. 우리 집에 데려가고 싶어."

"내일도 고양이가 놀이터에 있을까?"

아이들은 아쉬워하며 집으로 돌아갔습니다.　　▶ 아기 고양이와 즐거운 시간을 보낸 아이들

3 다음 날 아이들은 학교가 끝나자마자 또다시 놀이터로 몰려들었습니다.
아기 고양이가 기다렸다는 듯이 아이들을 보고 눈인사를 하네요.

"얘들아, 우리 새 친구에게 멋진 이름을 지어 주는 게 어때?"
　　　　　　아기 고양이
준하의 말에 아이들은 모두 씨익 웃으며 고개를 끄덕였습니다. 그렇게 아기 고양이는 준하와 친구
들에게 웃음을 주는 친구가 되었답니다.
준하와 친구들은 아기 고양이와 친구 사이가 됨　　　　　　　▶ 다시 만난 아기 고양이와 친구가 된 아이들

글을 이해해요

☑ 자기 평가

본문 57쪽

01 (중심 낱말 찾기)

| 놀 | 이 | 터 | | 숨 | 바 | 꼭 | 질 | | 아 | 기 | 고 | 양 | 이 |

⭕ ❌

02 (내용 이해)

❶ 숨바꼭질   **❷** 인사   **❸** 이름

⭕ ❌

03 (내용 이해)

②

⭕ ❌

04 (중심 내용 쓰기)

준하와 친구들은 놀이터에서 숨 바 꼭 질 을 하다가 만난 귀여운 아기 고 양 이 와 친 구 가 되었다.

⭕ ❌

02 준하는 놀이터에서 친구들과 숨바꼭질 놀이를 하다가 아기 고양이를 발견했어요. 준하와 친구들은 꼬리를 세우며 반갑게 인사하는 아기 고양이와 즐거운 시간을 보내고 아쉬워하며 헤어졌어요. 다음 날에도 놀이터에 간 준하와 친구들은 다시 만난 아기 고양이에게 멋진 이름을 지어 주기로 하고 아기 고양이와 친구가 되었어요.

(이럴 땐 이렇게!) 이야기의 흐름에 따라 표로 정리한 내용과 이 글의 각 문단 내용을 비교해 보면 돼요.

03 2문단에서 민아는 할짝할짝 물을 마시는 아기 고양이의 모습이 귀여워서 머리를 쓰다듬어 주었어요.

(오답 풀이)

① 준하는 놀이터에서 숨바꼭질을 하다가 아기 고양이를 발견했어요.
③ 현준이는 아기 고양이에게 물을 주었어요.

04 이 글은 숨바꼭질을 하다 우연히 만난 아기 고양이와 아이들의 우정을 따뜻한 시선으로 담아낸 이야기예요.

어휘를 익혀요

본문 58~59쪽

01 **❶** ㄴ   **❷** ㄹ   **❸** ㄷ   **❹** ㅁ   **❺** ㄱ

02 **❶** 샅샅이   **❷** 다급   **❸** 가엾

03

❶ 뜻대로 되지 않아 서운하다. 손쉽다 ☐ 아쉽다 ☑

❷ 여럿이 한곳을 향하여 오다. 모여들다 ☑ 모험하다 ☐

❸ 일이 바싹 닥쳐서 매우 급하다. 가득하다 ☐ 다급하다 ☑

❹ 눈이 자꾸 감겼다 뜨이는 모양 깜빡깜빡 ☑ 요리조리 ☐

❺ 혀끝으로 조금씩 가볍게 잇따라 핥는 모양 깔짝깔짝 ☐ 할짝할짝 ☑

12 짜디짠 눈물

코칭 Tip 이 글은 눈물에 들어 있는 물질과 눈물에서 짠맛이 나는 이유에 대해 설명하는 글입니다. 눈물에서 왜 짠맛이 나는지, 어떨 때 더 짠맛이 나는지를 파악하며 글을 읽을 수 있도록 합니다.

◆ 우리가 울 때 눈에서 흐르는 게 무엇인지 해당하는 낱말에 색칠해요.
◆ 눈물에서 짠맛이 나는 이유가 무엇인지를 설명하는 부분에 밑줄을 그어요.

1 "아! 짜다!"

눈물을 흘리다가 눈물이 입에 들어간 적이 있는 사람은 알 거예요. 눈물에서는 짠맛이 난다는 것을
중심 소재
요. 바닷물도 아닌데 눈물은 왜 짠맛이 나는 것일까요? 눈물은 대부분 물로 이루어져 있고, 단백질,
                                                                        눈물에 들어 있는 물질들
지방, 나트륨, 라이소자임 등의 물질이 조금씩 들어 있어요. 그중에서 '나트륨'은 소금처럼 짠맛이 나
                                                              눈물에서 짠맛이 나는 이유
는 물질이어서 눈물에서 짠맛이 나는 것이죠. 눈물에 들어 있는 물질 중 '라이소자임'은 병균을 죽이
                                                                        라이소자임의 역할
는 물질이에요. 그래서 눈물은 우리 눈을 보호해 주는 역할도 한답니다.
                        눈물의 역할   ▶ 눈물에 들어 있는 물질과 눈물에서 짠맛이 나는 이유

2 그런데 모든 눈물이 똑같지는 않아요. 우리는 눈에 먼지가 들어갔을 때나 양파를 깔 때 눈물을
                                          눈물을 흘리는 이유 ①: 눈을 보호하기 위함
흘리고는 해요. 이때의 눈물은 눈을 보호하기 위해 흘리는 것이에요. 또한 우리는 슬플 때나 감동을

했을 때, 그리고 화가 날 때도 눈물을 흘려요. 이때의 눈물은
눈물을 흘리는 이유 ②: 감정 때문에 생김
우리의 감정 때문에 생기는 것이에요. 이렇게

라이소자임

『어떤 기분을 느낄 때 흘리는 눈물은 다른
『 』: 감정 때문에 흘리는 눈물이 더 짠 이유
때 흘리는 눈물보다 나트륨이 더 많아서』

나트륨

조금 더 짜다고 합니다.
                                        ▶ 눈물을 흘리는 여러 가지 이유

글을 이해해요

✓ 자기 평가

본문 61쪽

01 (중심 낱말 찾기)

| 눈 | | **눈** | **물** | | 지 | 방 | | 단 | 백 | 질 |

⚪ ✕

02 (내용 이해)

1 ✕   **2** ⚪   **3** ✕

⚪ ✕

03 (내용 이해)

사람은 감정을 느낄 때에도 눈물을 흘린다. 이때의 눈물에는 [**나트륨** / 라이소자임]이 많이 들어 있다. 그래서 다른 때 흘리는 눈물보다 조금 더 [달다 / **짜다**].

⚪ ✕

04 (중심 내용 쓰기)

눈물은 대부분 **물** 로 이루어져 있지만 다른 물질들도 조금씩 들어 있는 데, 그중 **소** **금** 처럼 짠맛이 나는 **나** **트** **륨** 때문에 눈물에서 짠 맛이 난다. 또한 눈물은 눈을 **보** **호** 하기 위해 흘리기도 하지만 우리의 감정 때문에 흘리기도 한다.

⚪ ✕

02 **1** 1문단에서 눈물은 대부분 물로 이루어져 있고 단백질, 지방, 나트륨, 라 이소자임 등과 같은 물질도 들어 있다 고 했어요.
2 1문단에서 눈물에 들어 있는 라이소 자임은 병균을 죽이는 역할을 해서 우 리 눈을 보호해 준다고 했어요.
3 2문단에서 눈물은 우리가 감동을 했 을 때나 화가 날 때도 나온다고 했어요.

03 2문단에서 사람이 감정을 느꼈을 때 흘리는 눈물에는 나트륨이 많다고 했어요. 나트륨은 소금처럼 짠맛을 내기 때문에 감정을 느꼈을 때 흘리는 눈물 이 조금 더 짜다고 했어요.

04 이 글은 눈물에 들어 있는 물질과 눈물에서 짠맛이 나는 이유에 대해 설 명하고 있어요. 그리고 우리가 눈을 보 호하기 위해 눈물을 흘리기도 하지만, 슬프거나 화가 나는 등의 감정을 느낄 때에도 눈물을 흘린다고 했어요.

어휘를 익혀요

본문 62~63쪽

01 **1** ㄷ   **2** ㄴ   **3** ㅁ   **4** ㄱ   **5** ㄹ

02 **1** 대부분   **2** 감동   **3** 보호

03

13 이웃이 딱이야

> **코칭 Tip** 이 글은 학생들에게 현장 체험 학습의 날짜와 장소, 유의해야 할 사항 등을 설명하는 안내문입니다. 날씨에 따른 알맞은 옷차림을 파악하며 글을 읽을 수 있도록 합니다.

◆ 현장 체험 학습 안내문에서 일기 예보를 보고 갖추라고 한 것을 찾아 색칠해요.
◆ 해가 쨍쨍한 맑은 날과 비가 오는 날에 알맞은 옷차림을 찾아 각각 밑줄을 그어요.

현장 체험 학습 안내문

① 잔디 초등학교 1학년 어린이 여러분, 9월 22일에 민속촌으로 현장 체험 학습을 갈 예
  _{현장 체험 학습 예정일}　_{현장 체험 학습 장소}
정입니다. 이날은 야외에서 많은 활동을 할 계획이니, 꼭 일기 예보를 확인하고 날씨에 알
  _{중심 소재}
맞은 옷차림을 갖추도록 하세요.
  ▶ 현장 체험 학습 안내

② 기온이 25도보다 높고 해가 쨍쨍한 맑은 날에는 시원한 반팔과 반바지를 입고, 햇빛을
  _{해가 쨍쨍한 맑은 날에 알맞은 옷차림}
가릴 수 있도록 챙이 넓은 모자를 써야 합니다. 약간 흐린 날씨에는 구름이 햇빛을 막아 주
니까 반드시 모자를 쓸 필요는 없습니다. 만약 비가 온다면 우산을 들고 나와야 하며, 축축
  _{비가 오는 날에 알맞은 옷차림}
한 바닥을 걸어도 괜찮도록 고무장화를 신고, 비옷을 입으세요. 가을 날씨라도 기온이 20
도 아래로 내려가면 춥답니다. 따라서 두껍지 않은 긴팔과 긴바지를 입고, 가벼운 겉옷을
  _{20도 아래로 내려간 가을 날씨에 알맞은 옷차림}
챙겨 주세요. 그러면 감기에 걸리지 않을 거예요.
  ▶ 다양한 날씨에 따른 옷차림 안내

③ 우리 모두 날씨에 알맞은 옷차림을 갖춰서, 건강하게 현장
  _{안내문에서 말하고자 하는 중심 내용}
체험 학습을 다녀오도록 합시다.
  ▶ 날씨에 알맞은 옷차림을 갖출 것에 대한 당부

9/22(수)	9/23(목)	9/24(금)	9/25(토)
☀	🌤	🌧	⛈
맑음	약간 흐림	비	번개
28도	24도	18도	17도

일기 예보를 전해 드립니다. 내일인 수요일은 하늘이 맑고 기온이 높아 더운 날씨가 예상됩니다.

글을 이해해요

☑ 자기 평가   본문 65쪽

01 (중심 낱말 찾기)

| 가을 날씨 | 일기 예보 | (날씨에 알맞은 옷차림) |

◯ ✕

02 (내용 이해)

◯ ✕

03 (내용 추론)

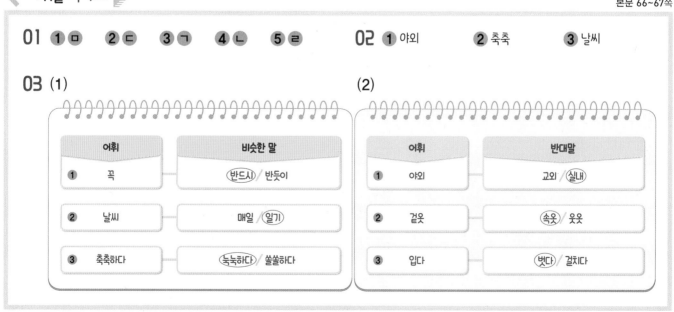

(◯)   ( )   ( )

◯ ✕

04 (중심 내용 쓰기)

| 야 | 외 | 로 현장 체험 학습을 갈 때는 | 일 | 기 | 예 | 보 |를 확인하

고, 날씨에 알맞은 | 옷 | 차 | 림 |을 갖추어야 한다.

◯ ✕

02 현장 체험 학습 날은 9월 22일이에요. 일기 예보에서 9월 22일 날씨를 보면 맑고 기온이 25도보다 높은 28도라는 것을 알 수 있어요. 안내문의 2문단에서 이런 날씨에는 시원한 반팔과 반바지를 입고, 햇빛을 가릴 수 있도록 챙이 넓은 모자를 써야 한다고 했어요. 한편 털모자, 잠바, 긴바지는 추운 날씨에 입기 알맞은 옷차림이므로, 현장 체험 학습 날에 입기에는 적절하지 않아요.

03 일기 예보에서 9월 24일의 날씨를 확인해 보면 비가 온다는 것을 알 수 있어요. 비가 오는 날씨에는 우산을 들어야 하며, 고무장화를 신고, 비옷을 입는 것이 좋아요.

04 이 글은 현장 체험 학습의 날짜와 장소, 유의해야 할 사항 등을 설명하는 안내문으로, 현장 체험 학습을 가기 전에 일기 예보를 확인하고 날씨에 따른 알맞은 옷차림을 갖추어야 한다고 말하고 있어요.

어휘를 익혀요

본문 66~67쪽

01 ❶ ㅁ   ❷ ㄷ   ❸ ㄱ   ❹ ㄴ   ❺ ㄹ   **02** ❶ 야외   ❷ 축축   ❸ 날씨

03 (1)   (2)

어휘	비슷한 말
❶ 꼭	(반드시) / 반듯이
❷ 날씨	매일 / (일기)
❸ 축축하다	(눅눅하다) / 쏠쏠하다

어휘	반대말
❶ 야외	교외 / (실내)
❷ 겉옷	(속옷) / 웃옷
❸ 입다	(벗다) / 걸치다

14 공휴일은 노는 날?

코칭 Tip 이 글은 공휴일에 대해 설명하는 글입니다. 달력에 빨간색으로 표시된 공휴일의 뜻과 종류를 파악하며 글을 읽을 수 있도록 합니다.

◆ 나라에서 다 함께 쉬기로 정한 날이 무엇인지 해당하는 낱말에 색칠해요.
◆ 공휴일과 국경일의 차이를 설명하는 부분에 밑줄을 그어요.

❶ '공휴일'이란 나라에서 다 함께 쉬기로 정한 날이에요. 달력에는 빨간색으로 날짜를 표시하지요. 흔
　　　　　중심 소재　　　　　　　　　　　　　공휴일의 뜻　　　　　　　　　　　　　　　달력에서 공휴일의 표시 방법
히 '공휴일'과 '국경일'을 헷갈리기 쉬운데, '국경일'은 나라의 기쁜 일을 기념하기 위해 나라에서 정한
　　　　　　　　　　　　　　　　　　　　　　　　　　　　　　　　　　국경일의 뜻
날을 말해요. 우리나라의 국경일에는

삼일절, 제헌절, 광복절, 개천절, 한글
　　　　　　우리나라의 국경일
날이 있어요. 이 국경일 중에서 쉬기로

정한 날이 바로 공휴일이고, 쉬지 않기
　　　공휴일과 국경일의 차이
로 정한 날은 공휴일이 아니에요. 우리

나라에서 법으로 정한 공휴일을 알고

싶다면 오른쪽 표를 참고해 보세요.
　　　　　▶ 공휴일의 뜻 및 공휴일과 국경일의 차이
❷ 한편 공휴일이었다가 아닌 날로

바뀐 날도 있어요. 나무를 심는 날인

식목일(4월 5일)은 2005년까지 공휴일
'공휴일이었다가 아닌 날'로 바뀐 날 ①
이었지만, 2006년부터는 쉬지 않게 되

1. 일요일
2. 국경일 중에서 삼일절(3월 1일), 광복절(8월 15일), 개천절(10월 3일), 한글날(10월 9일)
3. 1월 1일
4. 설날 전날, 설날(음력 1월 1일), 설날 다음날
5. 부처님 오신 날(음력 4월 8일)
6. 어린이날(5월 5일)
7. 현충일(6월 6일)
8. 추석 전날, 추석(음력 8월 15일), 추석 다음날
9. 성탄절(12월 25일)

었어요. 헌법을 만든 날인 제헌절(7월 17일)은 2007년까지 공휴일이었지만, 2008년부터는 쉬지 않는
　　　　　'공휴일이었다가 아닌 날'로 바뀐 날 ②
국경일이 되었지요. 그리고 세종 대왕이 한글을 만든 것을 기념하는 날인 한글날(10월 9일)은 공휴일
　　　　　　　　　　　　　　　　　　　　　　　　'공휴일 → 공휴일이 아닌 날 → 공휴일'로 바뀐 날
이었다가 1991년에 공휴일에서 빠지게 되었어요. 그러다가 2013년부터 다시 공휴일이 된 것이죠.
　　　　　　　　　　　　　　　　　　　　　　　　　　　▶ 공휴일로 정했다가 바뀐 날의 예

글을 이해해요

✔ 자기 평가

01 (중심 낱말 찾기)

| 공 | 휴 | 일 | 식 | 목 | 일 | 일 | 요 | 일 |

◯ ✕

02 (내용 이해)

| 삼일절(3월 1일) ☐ | 제헌절(7월 17일) ✓ | 광복절(8월 15일) ☐ |

| 개천절(10월 3일) ☐ | 한글날(10월 9일) ☐ |

◯ ✕

03 (내용 추론)

10

◯ ✕

04 (중심 내용 쓰기)

공휴일은 | 나 | 라 |에서 다 함께 쉬기로 정한 날로, 나라의 기쁜 일을 기념하기 위해 정한 | 국 | 경 | 일 |과는 다르다.

◯ ✕

02 1문단에 정리된 오른쪽 표의 공휴일 목록 중 ❷를 보면, 국경일 중 삼일절(3월 1일), 광복절(8월 15일), 개천절(10월 3일), 한글날(10월 9일)은 공휴일이라는 것을 알 수 있어요. 그리고 2문단에서 제헌절은 2007년까지는 공휴일이었지만, 2008년부터는 쉬지 않는 국경일이라고 했어요. 따라서 현재 공휴일이 아닌 날은 제헌절이에요.

03 1문단에서 공휴일은 달력에 빨간색으로 날짜를 표시한다고 했어요. 제시된 달력에서 일요일을 제외하면 3일과 9일이 빨간색으로 표시되어 있기 때문에 공휴일이라는 것을 알 수 있어요. 같은 달에 3일과 9일이 모두 공휴일인 달은 개천절과 한글날이 있는 10월이에요.

04 이 글은 달력에 빨간색으로 표시된 공휴일의 뜻과 종류에 대해 설명하고 있어요. 공휴일은 나라에서 다 함께 쉬기로 정한 날로, 국경일 중에서 쉬지 않기로 정한 날은 공휴일이 아니에요.

어휘를 익혀요

본문 70~71쪽

01 ❶ ㅁ ❷ ㄹ ❸ ㄷ ❹ ㄴ ❺ ㄱ

02 ❶ 달력 ❷ 헷갈리 ❸ 기념

03

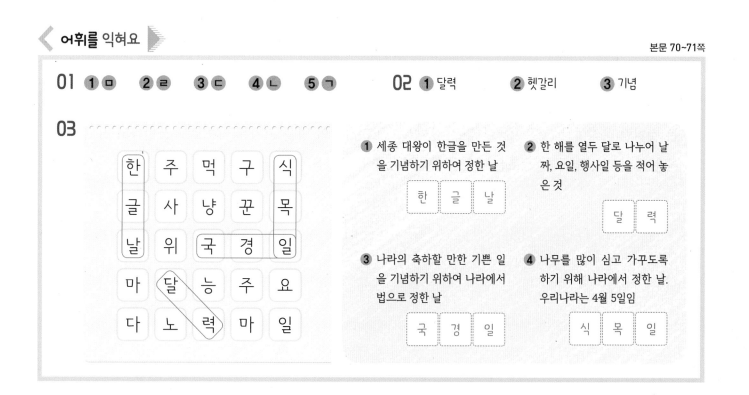

한	주	먹	구	식
글	사	냥	꾼	목
날	위	국	경	일
마	달	능	주	요
다	노	력	마	일

❶ 세종 대왕이 한글을 만든 것을 기념하기 위하여 정한 날

| 한 | 글 | 날 |

❷ 한 해를 열두 달로 나누어 날짜, 요일, 행사일 등을 적어 놓은 것

| 달 | 력 |

❸ 나라의 축하할 만한 기쁜 일을 기념하기 위하여 나라에서 법으로 정한 날

| 국 | 경 | 일 |

❹ 나무를 많이 심고 가꾸도록 하기 위해 나라에서 정한 날. 우리나라는 4월 5일임

| 식 | 목 | 일 |

15 만지면 잎이 움직인다고?

본문 72쪽

코칭 Tip 이 글은 미모사라는 낯선 식물을 관찰한 후 알게 된 점과 느낀 점에 대해 쓴 일기입니다. '나'가 미모사에 대해 직접 관찰한 내용과 백과사전으로 찾아본 정보를 파악하며 글을 읽을 수 있도록 합니다.

◆ 만지면 잎이 움직이는 식물의 이름을 찾아 색칠해요.
◆ 백과사전을 통해 알게 된 미모사의 특징 세 가지를 찾아 밑줄을 그어요.

1 나는 학교를 마치고 언니와 함께 집 앞에 있는 식물원을 찾아갔다. 언니가 <u>만지면 잎이 움직이는</u>
　　　　　　　　　　　　　　　　　　　　　　　　　　　　　　　　　　　　미모사
<u>식물</u>이 있다고 했는데, 내가 그 말을 안 믿었기 때문이다.

"동물도 아닌데 식물이 어떻게 움직여?"

"내가 정말로 봤다니까? 그럼 식물원에 가서 직접 볼래?"

우리는 식물원 안쪽에 있는 온실로 들어가서 '미모사'라
　　　　　　　　　　　　　　　　　　　　　중심 소재
는 팻말이 꽂혀 있는 한 화분을 찾았다. 거기에는 작고 가
느다란 여러 개의 <u>초록 잎들이 새의 깃털 모양처럼 나 있</u>
　　　　　　직접 본 미모사의 특징 ①: 잎의 생김새
<u>는 식물</u>이 있었다. 나는 언니의 말이 사실일까 궁금해서

<u>잎의 끝부분을 살짝 건드려 보았다. 그랬더니 잎이 깜짝</u>
　　　　　직접 본 미모사의 특징 ②: 잎의 움직임
<u>놀란 듯이 움츠러드는 것이었다.</u> 나도 덩달아 놀라 한 걸
음 물러났다. 식물이 움직이는 것을 보니 너무 신기했다.

▶ 식물원에 가서 직접 관찰한 미모사의 모습

2 나는 미모사에 대해 더 많은 것을 알고 싶어 집에 오자마자 백과사전을 꺼냈다. 미모사는 원래
<u>브라질과 같이 더운 나라에서 자라는 풀</u>이라고 한다. <u>잠을 자는 것 같다고 해서 '잠풀'이라고 불리기</u>
백과사전을 통해 알게 된 미모사의 특징 ①: 자라는 환경　　　　　　　백과사전을 통해 알게 된 미모사의 특징 ②: 미모사의 또 다른 이름
<u>도 하고, 만지면 반응하기 때문에 '신경초'라고 불리기도 한다.</u> 잠을 자다가도 만지면 신경질을 부리
는 것처럼 움직여서 그런 이름이 붙은 걸까? 그래도 <u>사람의 병을 고치는 약초로도 쓰인다</u>고 하니 고
　　　　　　　　　　　　　　　　　　　　　　　　　　　백과사전을 통해 알게 된 미모사의 특징 ③: 쓰임새
마운 풀인 건 분명하다. 새로운 경험을 통해서 뜻밖의 사실을 알게 된 하루였다.

▶ 백과사전을 통해 알게 된 미모사의 특징

글을 이해해요

✓ 자기 평가

본문 73쪽

01 (중심 낱말 찾기)

| 약 초 | 온 실 | 미 모 사 | 식 물 원 |

◯ ✕

02 (내용 이해)

1 ◯   **2** ◯   **3** ✕

◯ ✕

03 (내용 이해)

서준

◯ ✕

04 (중심 내용 쓰기)

나는 식 물 원 에 가서 만지면 잎 이 움직이는 식물인 미모사를
보고 신기했다. 그래서 집에 오자마자 백 과 사 전 으로 미모사에
대해 더 알아보았다.

◯ ✕

02 **1** '나'는 만지면 잎이 움직이는 식물이 있다는 언니의 말을 믿을 수 없었어요. 그래서 언니와 함께 식물원에 가서 직접 미모사를 보았어요.
2 '나'는 미모사라는 낯선 식물을 관찰한 후 놀라움과 신기함을 느꼈어요.
3 '나'는 식물원에서 미모사를 보고 미모사에 대해 더 많은 것을 알고 싶었어요. 그래서 집에 오자마자 백과사전을 꺼내서 미모사에 대해 찾아보았어요.

03 1문단을 통해 미모사가 식물원의 온실에서 자라나는 식물이라는 것을 알 수 있어요. 그리고 2문단에서 미모사는 원래 브라질과 같이 더운 나라에서 자라는 풀이라고 했어요.

04 이 글은 '나'가 식물원에 가서 미모사라는 식물을 관찰하고, 백과사전을 통해 미모사에 대해 새롭게 알게 된 점과 느낀 점을 쓴 일기예요.

어휘를 익혀요

본문 74~75쪽

01 **1** ㄷ   **2** ㄱ   **3** ㄹ   **4** ㄴ   **5** ㅁ   **02** **1** 온실   **2** 약초   **3** 백과사전

03

1 꽃을 심어 가꾸는 그릇

1 화 분

2 밀가루로 만든 음식

2 분 식

3 식물의 연구나 구경을 위해 많은 종류의 식물을 모아 기르는 곳

3 식 물 원

4 처음부터. 본래부터

4 원 래

본문 80쪽

코칭Tip 이 글은 우리가 매년 설날마다 먹는 떡국에 대해 설명하는 글입니다. 우리나라의 오랜 전통 음식인 떡국에 담긴 의미를 살펴보고, 지역마다 먹는 떡국의 종류를 파악하며 글을 읽을 수 있도록 합니다.

◆ 우리나라에서 설날에 먹는 음식을 찾아 색칠해요.

◆ 지역마다 다른 떡국의 종류 세 가지를 찾아 밑줄을 그어요.

1 우리나라에서는 설날에 떡국을 해 먹습니다. 이처럼 매년 설날마다 떡국을 먹기 때문에, "너 떡국 몇 그릇이나 먹었니?"라는 질문으로 상대방의 나이를 묻기도 하지요. 그렇다면 떡국은 언제부터 먹었을까요? 우리나라에서 떡국은 삼국 시대보다도 훨씬 전부터 먹었다고 알려져 있습니다. 떡국을 먹는 것은 오래된 전통인 셈이지요.

▶ 매년 설날마다 먹는 떡국의 유래

2 떡국은 어떻게 만들까요? 우선 쌀로 긴 모양의 가래떡을 만들어요. 그리고 그 가래떡을 동글납작한 모양으로 썰고 국물에 넣어 끓이면 떡국이 완성됩니다. 긴 가래떡으로 떡국을 만드는 것에는 긴 떡처럼 오래 살라는 의미가 담겨 있어요. 그리고 이 떡을 동그랗고 납작하게 썰어서 동전 모양으로 만드는 것에는 돈을 많이 벌라는 의미가 담겨 있지요. 이처럼 떡국에는 먹는 사람이 행복하기를 바라는 마음이 담겨 있답니다.

▶ 떡국을 만드는 방법과 떡국에 담긴 의미

3 지역마다 먹는 떡국의 종류는 조금씩 달라요. 콩이 잘 자라는 전라도 지역에서는 콩으로 만든 두부를 넣은 두부 떡국을 먹어요. 통영은 굴을 쉽게 구할 수 있는 바닷가 지역이기 때문에 굴 떡국을 먹고요. 그리고 북쪽의 개성에서는 눈사람처럼 생긴 조랭이 떡을 넣은 조랭이 떡국을 먹는답니다.

▶ 지역마다 다른 떡국의 종류

두부 떡국

굴 떡국

조랭이 떡국

글을 이해해요

✓ 자기 평가

본문 81쪽

01 (중심 낱말 찾기)

나 이 | **떡 국** | 설 날 | 가 래 떡

○ ✕

02 (내용 이해)

1 전 **2** 긴 **3** 동그랗게

○ ✕

03 (내용 이해)

1 조랭이 **2** 두부 **3** 굴

○ ✕

04 (중심 내용 쓰기)

우리나라에서 매년 설 날 마다 먹는 떡국에는 먹는 사람이 행 복 하기를 바라는 마음이 담겨 있다. 또한 지역마다 먹는 떡국의 종 류 는 조금씩 다르다.

○ ✕

02 **1** 1문단을 보면 우리나라에서 떡국은 삼국 시대보다도 훨씬 전부터 먹었다고 했어요.
2 2문단을 보면 긴 가래떡으로 떡국을 만드는 것에는 긴 떡처럼 오래 살라는 의미가 담겨 있다고 했어요.
3 2문단을 보면 떡국에 들어가는 떡을 동그랗고 납작하게 썰어서 동전 모양으로 만드는 것에는 돈을 많이 벌라는 의미가 담겨 있다고 했어요.

03 3문단에서는 지역에 따른 다양한 떡국의 종류를 사진과 함께 설명하고 있어요. 북쪽에 있는 개성에서는 조랭이 떡국을, 전라도 지역에서는 두부 떡국을, 통영에서는 굴 떡국을 먹는다고 했어요.

04 이 글은 우리가 매년 설날마다 먹는 떡국에 담긴 의미와, 지역마다 다른 떡국의 종류에 대해 설명하고 있어요.

어휘를 익혀요

본문 82~83쪽

01 **1** ㄷ **2** ㄹ **3** ㅁ **4** ㄱ **5** ㄴ 　　**02** **1** 종류 **2** 완성 **3** 지역

03

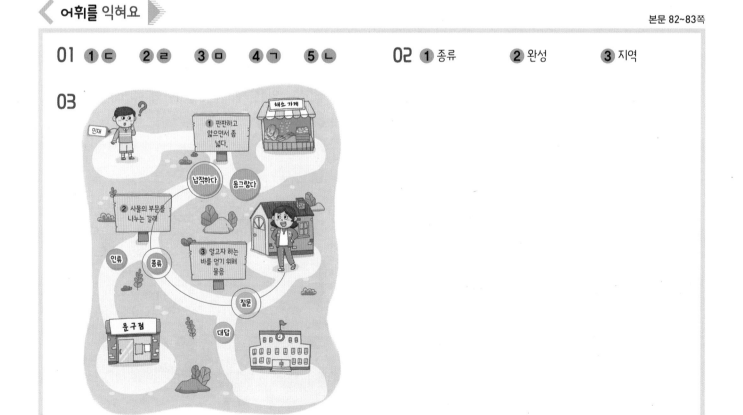

17 뿌리를 줄까, 잎을 줄까

> **코칭 Tip** 이 글은 땅은 많지만 게을러서 아무것도 하지 않는 게으른 토끼와 땅은 없지만 지혜를 발휘해 문제를 해결한 부지런한 토끼에 대한 이야기입니다. 부지런한 토끼가 여러 채소 중에서 당근을 심은 까닭은 무엇일지를 추측하며 글을 읽을 수 있도록 합니다.

◆ 부지런한 토끼가 게으른 토끼의 땅에 심은 채소가 무엇인지를 찾아 색칠해요.

◆ 부지런한 토끼가 화를 내는 게으른 토끼에게 한 말을 찾아 밑줄을 그어요.

1 어느 마을에 땅은 많았지만 농사를 짓지 않고 잠만 자는 게으른 토끼가 살았어요. 옆집에 사는
_{등장인물}
부지런한 토끼는 농사지을 땅이 없어서 콩이나 배추 등 먹이를 찾아다니느라 늘 배가 고팠지
_{등장인물}
요. 어느 날, 부지런한 토끼는 무언가 결심한 듯 게으른 토끼를 찾아갔어요.
_{부지런한 토끼는 골똘한 생각 끝에 게으른 토끼를 찾아감}

"좀 일어나 봐. 이 땅을 나에게 빌려주면 채소를 키워서 나누어 줄게."

잠에서 깬 게으른 토끼가 고개를 끄덕이자, 부지런한 토끼가 물었어요.

"어떻게 나눌까? 채소의 뿌리를 줄까, 잎을 줄까?"

게으른 토끼는 당연한 걸 왜 묻냐는 듯이 대답했어요.

"당연히 잎은 내가 가져야지." ▶ 게으른 토끼에게 농사지을 땅을 빌린 부지런한 토끼

2 부지런한 토끼는 땅에 씨를 심고, 물도 주었어요. 잡초도 열심히 뽑았지요. 채소가 자라는 동안
에도 게으른 토끼는 잠만 잤어요. 드디어 채소가 다 자랐어요.

"채소가 다 자랐으니 너에게 잎을 주고, 나는 뿌리를 가질게."

『부지런한 토끼는 땅에 심었던 당근을 열심히 캤어요. 그러고는 잎은 게으른 토끼에게 주고, 뿌리는
_{중심 소재}
자기가 가졌어요.』잎을 받은 게으른 토끼는 버럭 소리쳤어요.
『 』: 부지런한 토끼는 농사를 짓기 전에 한 약속대로 뿌리인 당근을 자신이 가짐

"이게 뭐야! 이걸 어떻게 먹으라고! 나에게도 당근을 줘!"

<u>"네가 잎을 달라고 했잖아. 당근은 뿌리를 먹는 뿌리채소라고!"</u>
_{부지런한 토끼가 화를 내는 게으른 토끼에게 당근은 뿌리를 먹는 채소임을 말해 줌}
『화가 난 게으른 토끼는 이제부터 자기가 직접 농사를 짓
『 』: 부지런한 토끼의 꾀 덕분에 게으른 토끼가 농사를 짓게 됨
기로 했어요. 부지런한 토끼에게 농사짓는 법을 배우면서

말이죠.』그 후로 게으른 토끼와 부지런한 토끼는 함께 농사

를 짓는 사이좋은 이웃이 되었답니다.
▶ 지혜를 발휘해 당근도 얻고 게으른 토끼와 함께 농사도 짓게 된 부지런한 토끼

글을 이해해요

✓ 자기 평가   본문 85쪽

01 (중심 낱말 찾기)

| 콩 | 당 근 | 배 추 | 잡 초 |

(당 근 circled) ○ ✕

02 (내용 이해)

1 ○   **2** ✕   **3** ✕

○ ✕

03 (내용 이해)

②

○ ✕

04 (중심 내용 쓰기)

부지런한 토끼는 농사지을 땅이 없어서 게으른 토끼에게 땅 을 빌려 농사를 지었다. 그리고 약속한 대로 채소의 잎 은 게으른 토끼에게 주고 뿌 리 에 해당하는 당 근 은 자기가 가졌다.

○ ✕

02 1 게으른 토끼는 땅이 많았지만, 게을러서 잠만 자고 농사를 짓지 않았어요.

2 부지런한 토끼는 게으른 토끼에게 땅을 빌려주면 채소를 키워서 나누어 준다고 했어요.

3 부지런한 토끼가 게으른 토끼에게 채소의 잎과 뿌리 중 무엇을 줄지 물었을 때, 게으른 토끼는 잎을 달라고 답했어요.

03 2문단에서 게으른 토끼는 맛있는 당근 대신 쓸모없는 잎만 얻게 되어서 화가 났어요. 잠만 잔 게으른 토끼에게 뿌리채소인 당근을 주지 않으려는 부지런한 토끼의 꾀가 먹힌 것이에요.

(오답 풀이)

① 부지런한 토끼가 준 잎이 싱싱하지 않았다는 내용은 나오지 않았어요.

③ 부지런한 토끼는 약속대로 게으른 토끼에게 잎을 주고 자기가 뿌리를 가졌어요.

04 이 글은 땅은 많지만 농사를 짓지 않고 잠만 자는 게으른 토끼와, 땅은 없지만 지혜를 발휘해 많은 당근을 갖게 된 부지런한 토끼에 대한 이야기예요.

어휘를 익혀요

본문 86~87쪽

01 **1** ㅁ **2** ㄹ **3** ㄷ **4** ㄱ **5** ㄴ   **02** **1** 결심 **2** 당연 **3** 버럭

03 (1)

어휘	비슷한 말
1 채소	(야채) / 잡채
2 결심하다	(다짐하다) / 푸짐하다
3 당연하다	(마땅하다) / 몽땅하다

(2)

어휘	반대말
1 심다	놓다 / (캐다)
2 게으르다	부끄럽다 / (부지런하다)
3 사이좋다	(싸우다) / 친하다

18 이끼는 무슨 일을 할까

코칭Tip 이 글은 이끼의 특징을 바탕으로 이끼가 하는 역할에 대해 설명하는 글입니다. 이끼가 우리에게 어떤 도움을 주는지를 파악하며 글을 읽을 수 있도록 합니다.

◆ 축축한 땅 위나 바위, 나무 등에 달라붙어 자라는 식물의 이름에 색칠해요.

◆ 이끼가 하는 역할 세 가지를 찾아 밑줄을 그어요.

1 앗! 이끼잖아? 미끄러질 뻔했네! 여러분들도 이끼를 밟고 미끄러질 뻔한 적이 있나요? 이끼는
_{중심 소재}
축축한 땅 위나 바위, 나무 등에 달라붙어 자라는 식물이에요. 이끼를 생각하면 습하고 눅눅한 느낌
_{이끼에 대한 설명}
이 떠올라 이끼를 좋아하지 않는 사람들도 있을 텐데요. 이끼가 비록 어둡고 그늘진 곳에서 자라지만

자연 속에서 나름 중요한 역할을 하고 있답니다. 그렇다면 이끼가 어떤 역할을 하는지 알아볼까요?
▶ 이끼에 대한 소개

2 먼저 이끼는 다른 식물이 잘 자랄 수 있도록 도움을 줍니다. 흙이 무너지거나 공사로 인해 맨땅
_{이끼의 역할 ①}
이 드러난 곳에 이끼가 제일 먼저 자란다는 사실을 알고 있나요? 이끼가 자라면서 다른 식물이 자랄
_{맨땅에 제일 먼저 자라는 이끼의 특징}
수 있는 환경을 만들어 주는 것이랍니다. 둘째, 이끼는 홍수와 가뭄의 피해를 막는 데 도움을 줍니다.
_{이끼의 역할 ②}
이끼는 자기 무게의 다섯 배 정도의 물을 저장할 수 있다고 해요. 그래서 비가 갑자기 많이 내릴 때
_{물을 저장할 수 있는 이끼의 특징} _{홍수의 상황일 때}
자기 몸에 물을 저장했다가, 비가 잘 내리지 않을 때 자기 몸에 저장했던 물을 주변에 내주어 땅이 마
_{가뭄의 상황일 때}
르는 것을 막을 수 있는 것이지요. 셋째, 이끼는 상처를 치료하는 데에도 도움을 줍니다. 중국에서는
_{이끼의 역할 ③}
이끼를 식물 기름과 섞어 상처를 감싸는 붕대처럼 사용하기도 했습니다. 이끼를 날카로운 것에 벤 상
_{상처를 낫게 하는 이끼의 특징}
처, 뜨거운 것에 덴 상처를 낫게 하는 데 이용한 것이지요. 이렇게 이끼가 자연과 인간에게 다양한 도
_{이 글의 주제 문장}
움을 주고 있다는 점 잊지 말아요.
▶ 여러 가지 역할을 하며 자연과 인간에게 도움을 주는 이끼

◀ 글을 이해해요 ▶

01 (중심 낱말 찾기)

가 뭄   식 물   **이 끼**   홍 수

◯ ✕

02 (내용 이해)

✓ 자기 몸에 물을 저장할 수 있다.
☐ 어둡고 습한 곳에서 자라지 않는다.
✓ 맨땅이 드러난 곳에 가장 먼저 자란다.
☐ 중국에서는 이끼를 아기 기저귀로 사용하였다.

◯ ✕

03 (내용 이해)

1 식물   **2** 가뭄   **3** 상처

◯ ✕

04 (중심 내용 쓰기)

이끼는 축축한 땅 위나 바위, 나무 등에 달라붙어 자라는 식 물 로,

자 연 과 인간에게 다양한 도 움 을 준다.

◯ ✕

02 2문단에서 이끼는 자기 무게의 다섯 배 정도의 물을 저장할 수 있으며, 맨땅이 드러난 곳에 제일 먼저 자란다고 했어요. 한편 이끼는 어둡고 그늘지며 습한 곳에서 잘 자라는 식물이에요. 또한 중국에서는 이끼를 상처를 치료하는 붕대로도 사용했어요. 하지만 이끼를 아기 기저귀로 사용했는지는 알 수 없어요.

03 2문단을 보면 이끼는 다른 식물이 잘 자랄 수 있도록 도움을 주고, 홍수와 가뭄의 피해를 막는 데 도움을 주며, 상처를 치료하는 데에도 도움을 준다는 것을 알 수 있어요.

04 이 글은 이끼라는 식물이 다양한 역할을 하며 자연과 인간에게 도움을 주고 있다는 것을 설명하고 있어요.

◀ 어휘를 익혀요 ▶

01 **1** ㄹ   **2** ㄱ   **3** ㄷ   **4** ㄴ   **5** ㅁ

02 **1** 홍수   **2** 피해   **3** 맨땅

03

1 시간적으로나 순서상으로 앞서서

먼 저

2 물질이나 물건을 모아서 보관함

저 장

3 남자가 결혼하여 아내를 맞이하는 일

장 가

4 오랫동안 계속하여 비가 내리지 않아 메마른 날씨

가 뭄

19 이 음식은 언제 먹을까

코칭 Tip 이 글은 세계 여러 나라에서 명절에 먹는 음식을 설명하는 글입니다. 나라별로 어떤 명절이 있고, 그 명절을 대표하는 음식은 무엇인지를 파악하며 글을 읽을 수 있도록 합니다.

◆ 이 글은 세계 여러 나라의 무엇에 대해 설명하고 있는지를 찾아 색칠해요.
◆ 각 나라별로 먹는 명절 음식을 찾아 밑줄을 그어요.

1 우리나라의 설이나 추석과 같은 명절이 다른 나라에도 있답니다. 다른 나라에서도 명절날이면 가족이나 가까운 이웃끼리 모여 특별한 음식을 함께 만들어 먹기도 하지요. 그렇다면 세계 여러 나라의 명절 음식에는 무엇이 있을지 살펴볼까요?
▶ 세계 여러 나라의 명절 음식에 대한 궁금증

중심 소재

2 『미국에는 우리나라의 추석과 비슷한 명절인 '추수 감사절'이 있습니다. 가을에 농작물을 수확하고 이를 감사해하는 날로 사람들은 '홀터키'라는 음식을 먹어요.』 홀터키는 칠면조를 통으로 구워서 크랜베리 소스와 함께 먹는 요리예요. 칠면조는 닭의 7배 정도로 크기 때문에 가족이 함께 나누어 먹기 좋답니다.
『 』: 미국의 명절 '추수 감사절'에 대한 설명
미국의 명절 음식
'홀터키'에 대한 설명
▶ 미국의 명절 '추수 감사절'에 먹는 음식

3 『태국의 설날은 4월입니다. 이날을 '송끄란'이라고 부르고 축제를 벌여요.』 송끄란 때 먹는 음식은 '카오채'예요. '카오'는 '밥', '채'는 '담근다'라는 뜻입니다. 이름 그대로 카오채는 재스민꽃을 우려낸 찬물에 밥을 말아서 새우 경단, 무장아찌 등과 같은 반찬과 함께 먹는 음식입니다. 태국의 더운 날씨에 잘 어울리는 음식이지요?
『 』: 태국의 명절 '송끄란'에 대한 설명
태국의 명절 음식
'카오채'에 대한 설명
▶ 태국의 명절 '송끄란'에 먹는 음식

4 『멕시코에는 '죽은 자들의 날'이라는 명절이 있습니다. 멕시코 사람들은 이날 죽은 사람의 영혼이 가족과 친구를 만나러 땅에 내려온다고 믿어요.』 이날에는 '칼라베라'라는 해골 모양의 설탕 인형을 만들어서 제사상에 올리거나 친구에게 선물하지요. 멕시코 사람들은 이날을 즐거운 축제처럼 보낸답니다.
『 』: 멕시코의 명절 '죽은 자들의 날'에 대한 설명
멕시코의 명절 음식
'칼라베라'에 대한 설명
멕시코 사람들이 '죽은 자들의 날'을 받아들이는 태도
▶ 멕시코의 명절 '죽은 자들의 날'에 만드는 음식

홀터키

카오채

칼라베라

글을 이해해요

☑ 자기 평가

본문 93쪽

01 (중심 낱말 찾기)

(명절 음식)   설이나 추석   즐거운 축제

○ ×

02 (내용 이해)

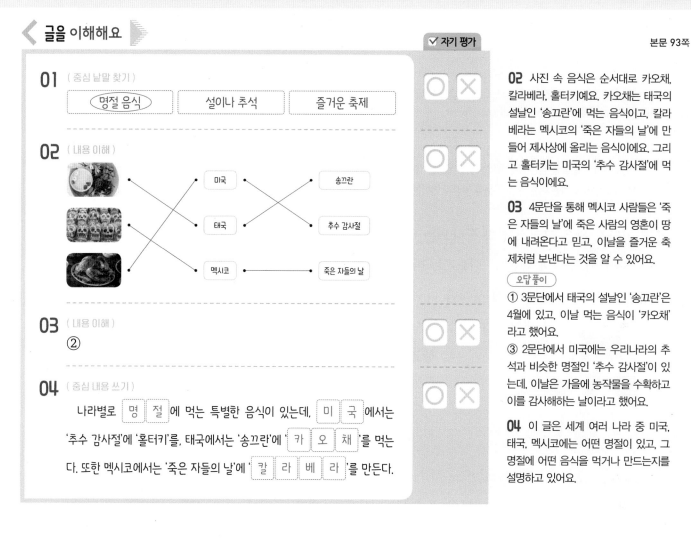

미국 ─── 송끄란
태국 ─── 추수 감사절
멕시코 ─── 죽은 자들의 날

○ ×

03 (내용 이해)

②

○ ×

04 (중심 내용 쓰기)

나라별로 [명][절]에 먹는 특별한 음식이 있는데, [미][국]에서는 '추수 감사절'에 '홀터키'를, 태국에서는 '송끄란'에 '[카][오][채]'를 먹는다. 또한 멕시코에서는 '죽은 자들의 날'에 '[칼][라][베][라]'를 만든다.

○ ×

02 사진 속 음식은 순서대로 카오채, 칼라베라, 홀터키예요. 카오채는 태국의 설날인 '송끄란'에 먹는 음식이고, 칼라베라는 멕시코의 '죽은 자들의 날'에 만들어 제사상에 올리는 음식이에요. 그리고 홀터키는 미국의 '추수 감사절'에 먹는 음식이에요.

03 4문단을 통해 멕시코 사람들은 '죽은 자들의 날'에 죽은 사람의 영혼이 땅에 내려온다고 믿고, 이날을 즐거운 축제처럼 보낸다는 것을 알 수 있어요.

(오답풀이)
① 3문단에서 태국의 설날인 '송끄란'은 4월에 있고, 이날 먹는 음식이 '카오채'라고 했어요.
③ 2문단에서 미국에는 우리나라의 추석과 비슷한 명절인 '추수 감사절'이 있는데, 이날은 가을에 농작물을 수확하고 이를 감사해하는 날이라고 했어요.

04 이 글은 세계 여러 나라 중 미국, 태국, 멕시코에는 어떤 명절이 있고, 그 명절에 어떤 음식을 먹거나 만드는지를 설명하고 있어요.

어휘를 익혀요

본문 94~95쪽

01 ❶ ㄱ   ❷ ㅁ   ❸ ㄹ   ❹ ㄷ   ❺ ㄴ

02 ❶ 요리   ❷ 명절   ❸ 수확

03

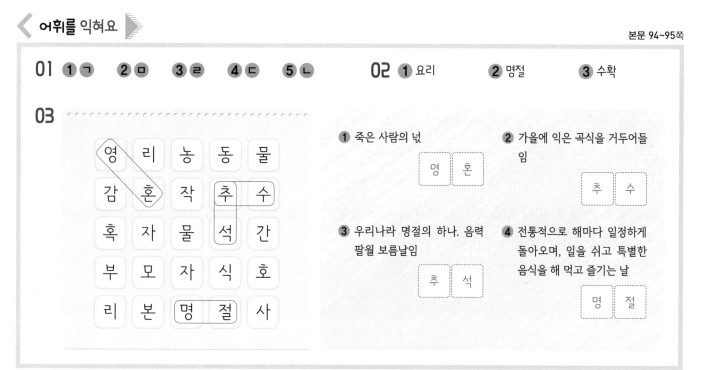

영	리	농	동	물
감	혼	작	추	수
혹	자	물	석	간
부	모	자	식	호
리	본	명	절	사

❶ 죽은 사람의 넋
[영][혼]

❷ 가을에 익은 곡식을 거두어들임
[추][수]

❸ 우리나라 명절의 하나. 음력 팔월 보름날임
[추][석]

❹ 전통적으로 해마다 일정하게 돌아오며, 일을 쉬고 특별한 음식을 해 먹고 즐기는 날
[명][절]

43

20 미다스 왕의 손

코칭 Tip 이 글은 그리스 신화에 나오는 미다스 왕에 대한 이야기입니다. 이야기의 흐름에 따라 미다스 왕의 기분이 어떻게 변하는지를 파악하며 글을 읽을 수 있도록 합니다.

◆ 이 글에서 깨달음을 얻은 주인공의 이름을 찾아 색칠해요.
◆ 미다스 왕이 소원을 이룬 후에 기분이 어떻게 변하는지를 찾아 밑줄을 그어요.

1 <u>미다스 왕</u>은 그리스 신화에 나오는 왕입니다. <u>그는 엄청난 부자인데도 만족을 못하고 여전히 더</u>
중심인물   재물에 욕심이 많은 미다스 왕
<u>큰 부자가 되고 싶어 했어요.</u> 어느 날, 미다스 왕이 술의 신인 디오니소스의 스승, 실레노스를 잘 대

접해 주었어요. 이를 고맙게 생각한 디오니소스가 미다스 왕에게 무엇이든 소원을 하나 들어주겠다

고 했어요. <u>미다스 왕은 자신의 손에 닿는 모든 것이 황금으로 바뀌게 해 달라고 말</u>
미다스 왕이 디오니소스에게 빈 소원
했죠. 디오니소스는 소원을 들어줬고, 정말로 미다스 왕이 만지

는 것은 다 바로 황금으로 바뀌었어요. <u>미다스 왕은 뛸</u>
소원을 이룬 후 미다스 왕의 기분 ①: 기쁨
<u>듯이 기뻐했어요.</u> 하지만 그 기쁨은 오래가지 않았어

요. 손에 닿는 모든 것이 황금으로 바뀌는 게 좋은 것

만은 아니었거든요.
▶ 자신의 손에 닿는 모든 것이 황금으로 변하게 해 달라고 소원을 빈 미다스 왕

2 빵도 고기도 물도 미다스 왕의 손에 닿는 순간 다 황금이 되어 버

렸어요. 먹을 수도 마실 수도 없게 된 미다스 왕은 깊은 고민에 빠졌어

요. 그러자 미다스 왕의 사랑스러운 딸이 아버지에게 소원을 도로 무르

라고 간절히 부탁했어요. <u>미다스 왕이 공주의 손을 잡는 순간, 공주도</u>
미다스 왕이 결정적으로 자신이 빈 소원을 후회하게 된 계기
<u>황금이 되어 버렸어요.</u> 황금으로 변한 딸을 보며, 미다스 왕은 자신이

얼마나 어리석은 소원을 말했는지 깨닫고선 후회를 했어요.
소원을 이룬 후 미다스 왕의 기분 ②: 후회   ▶ 자신이 빌었던 소원이 어리석었다는 것을 깨닫게 된 미다스 왕
3 결국 미다스 왕은 디오니소스를 찾아가 황금으로 변하게 하는 힘을

없애 달라고 빌었어요. 이에 디오니소스는 파크톨로스 강에 가서 강물로 몸을 씻으라고 알려 줬지요.

『강물에 몸을 씻은 미다스 왕은 다시 예전으로 돌아갈 수 있었어요. 그 후로 미다스 왕은 욕심을 버리
『 』: 이야기의 결말이 주는 교훈 – 지나친 욕심을 버리자.
고 황금은 거들떠보지도 않았대요.』
▶ 욕심을 버리고 소원을 물린 미다스 왕

글을 이해해요

✔ 자기 평가

본문 97쪽

01 (인물 찾기)

| 공주 | 실레노스 | **미다스 왕** | 디오니소스 |

○ ✕

02 (내용 이해)

손에 닿는 모든 것을 황금으로 바꾸게 해 달라는 소원이 이루어졌어요. —— 슬픔. 후회

빵도 고기도 물도, 심지어 미다스 왕의 딸인 공주까지도 황금으로 변했어요. —— 기쁨. 만족감

○ ✕

03 (내용 추론)

| 자신이 말한 소원을 마음대로 바꾸는 것은 잘못이에요. 다른 사람과 한 약속은 꼭 지켜야 해요. | 엄청난 부자인데도 만족하지 못하고 욕심을 부린 것은 잘못이에요. 앞으로는 욕심을 부리지 마세요. | 평소에도 공주에게 관심을 보이고 따뜻한 대화를 나누었다면, 공주가 황금으로 변하지는 않았을 거예요. |
| (　) | (○) | (　) |

○ ✕

04 (중심 내용 쓰기)

미다스 왕은 무엇이든 만지면 |황| |금| 으로 변하는 손을 갖게 해 달라는 |소| |원| 이 이루어져 기뻤지만, 소중한 |딸| 까지 황금으로 변하자 자신이 어리석었음을 깨닫고 |욕| |심| 을 버리게 되었다.

○ ✕

02 미다스 왕은 처음에 자신이 만지는 모든 것을 황금으로 변하게 해 달라는 소원이 이루어지자 뛸 듯이 기뻐했어요. 그러나 먹고 마시는 것에 이어 자신의 딸마저도 모두 황금으로 변하게 되자 자신이 그런 소원을 빈 것을 후회하며 슬퍼했어요.

03 미다스 왕은 이미 엄청난 부자인데도 더 많은 황금을 갖고 싶어 했어요. 그러나 먹을 수도 마실 수도 없게 되고 소중한 공주마저 잃게 되자, 비로소 황금을 많이 가지는 것이 얼마나 덧없는 일인지 깨닫게 돼요. 따라서 미다스 왕에게는 욕심을 부리지 말라는 말을 해 줄 수 있어요.

04 이 글은 만지면 무엇이든지 황금으로 변하는 손을 갖게 된 미다스 왕에 대한 이야기예요. 미다스 왕은 소원이 이루어진 직후에는 기뻐했지만, 소중한 딸까지 황금으로 변하는 것을 보고 자신의 욕심이 지나쳤다는 것을 깨달았어요. 그래서 자신이 빌었던 소원을 물리고선 다시는 황금을 거들떠보지도 않았어요.

어휘를 익혀요

본문 98~99쪽

01 ❶ ㄷ ❷ ㄹ ❸ ㄱ ❹ ㄴ ❺ ㅁ

02 ❶ 만족 ❷ 후회 ❸ 대접

03

❶ 이전의 잘못을 깨치고 뉘우침 — 만족 ☐ / 후회 ✔

❷ 자기를 가르쳐 이끌어 주는 사람 — 스승 ✔ / 제자 ☐

❸ 마음속으로 괴로워하고 애를 태움 — 고민 ✔ / 고집 ☐

❹ 무엇을 지나치게 탐내거나 누리고자 하는 마음 — 근심 ☐ / 욕심 ✔

❺ 마음속에서 우러나와 바라는 정도가 매우 절실하게 — 간절히 ✔ / 친절히 ☐

45

실력 확인

실력
확인
104쪽

▲ 글의 문단별 내용을 정리하고 주제를 써 보아요.

01 우리 가족을 소개합니다

본문 8쪽

①문단 가족 소개를 위한 가 족 사 진 안내

②문단 사진 왼편의 아 빠 쪽 가족 소개

③문단 사진 오른편의 엄 마 쪽 가족 소개

✔주제 '나'의 가 족 소개

02 친구들을 소개합니다

본문 12쪽

①문단 첫인사 및 소개할 내용 안내

②문단 친구 소개 ①: 상 현

③문단 친구 소개 ②: 연 지

④문단 친구 소개 ③: 준 서

⑤문단 친구 소개 ④: 시 은

⑥문단 끝인사

✔주제 친 구 들의 장점 소개

03 무궁화꽃이 피었습니다

본문 16쪽

①문단 '무궁화꽃이 피었습니다' 놀이를 하다 규칙을 어기고 거 짓 말 을 하는 윤서를 봐줌

②문단 다시 놀이를 하며 도망치는 윤서를 잡고 나서 통 쾌 함을 느낌

✔주제 친구들과 '무 궁 화 꽃 이 피었습니다' 놀이를 하며 있었던 일에 대해 쓴 일기

4 바다에 말이 산다고?

본문 20쪽

1문단 '해 마'라는 이름의 뜻과 해마의 이동 방법

2문단 해마가 태어나는 과정

주제 해마의 특징과 해 마 가 태어나는 과정

5 겨울에 만나요

본문 24쪽

1문단 겨울을 보내기 위해 시 베 리 아 에서 한국으로 가려는 흑두루미

2문단 먼 거리를 날아 한국의 순 천 만에 도착한 흑두루미

3문단 한국에서 겨울을 보내고 시베리아로 돌아가려는 흑두루미

주제 흑 두 루 미 가 겨울에 한국을 찾아오는 이유

6 무쇠 방망이를 가는 할아버지

본문 32쪽

1문단 자신의 꿈 을 이루기 위해 깊은 산속으로 들어간 젊은이

2문단 공부하는 게 싫증이 나서 산에서 내려오고 만 젊은이

3문단 무 쇠 방 망 이 를 갈아 바늘을 만드는 할아버지를 만난 젊은이

4문단 할아버지의 모습에서 깨달음을 얻고 다시 산 으로 올라간 젊은이

주제 꾸준한 노 력 의 중요성을 깨달은 젊은이

실력 확인

실력
확인
106쪽

07 호그와트 마법 학교

본문 36쪽

1문단 『해리 포터와 마법사의 돌』을 읽으며 인상 깊었던 내용

2문단 호그와트 마법 학교에 있는 네 개의 기 숙 사 가 중요하게 생각하는 정신

3문단 『해리 포터와 마법사의 돌』을 읽고 느낀 점

주제 『해리 포터와 마법사의 돌』이라는 책을 읽고 느낀 점을 쓴 독후 감 상 문

08 진달래와 철쭉, 뭐가 달라?

본문 40쪽

1문단 다양한 봄꽃 중 진달래와 철쭉에 대한 소개

2문단 진달래와 철쭉의 차이점 ①: 생 김 새

3문단 진 달 래 와 철쭉의 차이점 ②, ③: 꽃이 피는 시기, 꽃과 잎이 나오는 순서

주제 봄꽃인 진달래와 철 쭉 의 차이점

09 태극기가 궁금해

본문 44쪽

1문단 태 극 기 의 뜻과 태극기라는 이름이 붙은 까닭

2문단 태극기의 흰색 바탕과 4 괘 의 의미

3문단 태극기를 거는 날

주제 태 극 기 의 모양에 담긴 의미와 태극기를 거는 날

10 우리의 옷, 한복

본문 48쪽

1문단 한 복 의 뜻과 종류

2문단 한복을 바르게 입는 방법

주제 한복의 종류와 한 복 을 바르게 입는 방법

11 내 친구 아기 고양이

본문 56쪽

1문단 친구들과 놀이터에서 숨 바 꼭 질 놀이를 하다가 아기 고양이를 발견한 준하

2문단 아기 고양이와 즐거운 시간을 보낸 아이들

3문단 다시 만난 아기 고양이와 친 구 가 된 아이들

주제 아기 고 양 이 와의 우정

12 짜디짠 눈물

본문 60쪽

1문단 눈 물 에 들어 있는 물질과 눈물에서 짠맛이 나는 이유

2문단 눈물을 흘리는 여러 가지 이유

주제 눈물에서 짠 맛 이 나는 이유와 눈물을 흘리는 이유

실력 확인

13 이 옷이 딱이야

본문 64쪽

1문단 현 장 체 험 학습 안내

2문단 다양한 날 씨 에 따른 옷차림 안내

3문단 날씨에 알맞은 옷차림을 갖출 것에 대한 당부

주제 날씨에 알맞은 옷 차 림

14 공휴일은 노는 날?

본문 68쪽

1문단 공휴일의 뜻 및 공휴일과 국 경 일 의 차이

2문단 공휴일로 정했다가 바뀐 날의 예

주제 나라에서 다 함께 쉬기로 정한 공 휴 일

15 만지면 잎이 움직인다고?

본문 72쪽

1문단 식 물 원 에 가서 직접 관찰한 미모사의 모습

2문단 백 과 사 전 을 통해 알게 된 미모사의 특징

주제 만지면 잎 이 움직이는 미 모 사 의 특징

16 나이는 한 그릇

본문 80쪽

1문단 매년 설 날 마다 먹는 떡국의 유래

2문단 떡 국 을 만드는 방법과 떡국에 담긴 의미

3문단 지 역 마다 다른 떡국의 종류

주제 매년 설날마다 먹는 떡 국 에 담긴 의미와 떡국의 종류

17 뿌리를 쿨까, 잎을 쿨까

본문 84쪽

1문단 게으른 토끼에게 농사지을 땅 을 빌린 부지런한 토끼

2문단 지혜를 발휘해 당근도 얻고 게으른 토끼와 함께 농 사 도 짓게 된 부지런한 토끼

주제 지혜를 발휘해 당 근 을 갖게 된 부지런한 토끼

18 이끼는 무슨 일을 할까

본문 88쪽

1문단 이끼에 대한 소개

2문단 여러 가지 역할을 하며 자연과 인 간 에게 도움을 주는 이끼

주제 자연과 인간에게 도움을 주는 이 끼 의 역할

실력
확인
110쪽

19 이 음식은 언제 먹을까

본문 92쪽

1문단 세계 여러 나라의 명절 음식에 대한 궁금증

2문단 미 국 의 명절 '추수 감사절'에 먹는 음식

3문단 태국의 명절 ' 송 끄 란 '에 먹는 음식

4문단 멕 시 코 의 명절 '죽은 자들의 날'에 만드는 음식

주제 세계 여러 나라의 명 절 음 식

20 미다스 왕의 손

본문 96쪽

1문단 자신의 손에 닿는 모든 것이 황 금 으로 변하게 해 달라고 소원을 빈 미다스 왕

2문단 자신이 빌었던 소원이 어리석었다는 것을 깨닫게 된 미다스 왕

3문단 욕심을 버리고 소 원 을 물린 미다스 왕

주제 지나친 욕 심 을 부린 것을 후회하게 된 미다스 왕의 이야기

시작부터 남다른 한끝

한끝이 반이다

visang

교과서 학습부터 평가 대비까지 한 권으로 끝!

3,200만 권
돌파

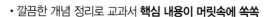

• 깔끔한 개념 정리로 교과서 **핵심 내용이 머릿속에 쏙쏙**

• 알기 쉽게 풀어 쓴 용어 설명으로 **국어·사회 공부의 어려움을 해결**

• 풍부한 사진, 도표, 그림 자료로 **어려운 내용도 한번에 이해**

• 다양하고 풍부한 유형 문제와 서술형·논술형 문제로 **학교 시험도 완벽 대비**

초등 국어 1~6학년 / 사회 3~6학년

완자·공부력·시리즈 매일 4쪽으로 스스로 공부하는 힘을 기릅니다.

대표전화 1544-0554
주소 서울특별시 구로구 디지털로33길 48 대륭포스트타워 7차 20층
협의 없는 무단 복제는 법으로 금지되어 있습니다.